Taufe und Kirchenzugehörigkeit

Taufe und Kirchenzugehörigkeit

Zum theologischen Sinn der Taufe, ihrer ekklesiologischen und kirchenrechtlichen Bedeutung

Im Auftrag der Vereinigten Evangelisch-Lutherischen Kirche Deutschlands (VELKD)
herausgegeben von
Christine Axt-Piscalar und Claas Cordemann

EVANGELISCHE VERLAGSANSTALT
Leipzig

Bibliographische Information der Deutschen Nationalbibliothek
Die Deutsche Nationalbibliothek verzeichnet diese Publikation in der Deutschen Nationalbibliographie; detaillierte bibliographische Daten sind im Internet über http://dnb.dnb.de abrufbar.

Das Buch wurde auf alterungsbeständigem Papier gedruckt.

Cover: Thomas Puschmann – fruehbeetgrafik.de – Leipzig
Satz: EVANGELISCHE VERLAGSANSTALT GmbH, Leipzig
Druck und Binden: Hubert & Co., Göttingen

ISBN 978-3-374-05205-9
www.eva-leipzig.de

Inhalt

Einleitung

Die Taufe kann man gar nicht hoch genug schätzen. Sie ist das ein für allemal vollzogene sinnfällige Heilszeichen Gottes, das unverbrüchlich über dem Leben des Getauften steht. In der Taufe wird der Name des Täuflings mit dem Namen des dreieinigen Gottes zusammengesprochen und die heilsame und definitive Zugehörigkeit des Getauften zu Jesus Christus begründet. So hat die Taufe einen *zuhöchst individualisierenden* Charakter: Sie ist ein diesem konkreten, bei seinem Namen gerufenen Individuum für seinen individuellen Lebensvollzug zugeeignetes und zugesagtes, vorgängiges und unverbrüchliches Heilszeichen. In der Taufe ist die Christusverbundenheit begründet, von der der einzelne Christenmensch herkommt, die er sozusagen im Rücken hat und die über dem Ganzen seines Lebens bis zu dessen eschatologischer Vollendung steht.

Weil die Taufe diese das ganze Leben des Christenmenschen umspannende Bedeutung hat, zielt sie auf die existenzbestimmende Aneignung im Glauben, in der die Taufe ihre das Leben des Getauften tragende und es auf Zukunft hin erneuernde Kraft entfaltet. Taufe und Glaube gehören unabdingbar zusammen: In der persönlichen Aneignung im Glauben macht der Getaufte sich die Taufe „zunutze". Die Taufe begründet und erschließt einen lebenslangen Prozess der Einübung im Taufglauben. Sie beruft den Getauften dazu, sich die Taufgnade im eigenen Lebensvollzug anzueignen.

Gerade in ihrer Einmaligkeit, Unverbrüchlichkeit und Vorgängigkeit bildet die Taufe als Sakrament das von Gott her verbürgte Fundament und den bleibenden Bezugspunkt für die existenzbestimmende Aneignung im Lebensvollzug des Getauften. Es gehört zu den Glanzstücken der Theologie Luthers, wie er diesen Zusammenhang zwischen der Bedeutung der Taufe als Sakrament und ihrer das ganze Leben des Christenmenschen bestimmenden Kraft theologisch und existenziell entfaltet und den Christenmenschen in die lebenslange Einübung des Taufglaubens[1] einzuholen sucht.

> „So muss man die Taufe ansehen und uns zunutze machen, dass wir uns daran stärken und damit trösten, wenn uns unsere Sünde und unser Gewissen belasten, und sagen: ‚Ich bin dennoch getauft; bin ich aber getauft, so ist mir zugesagt, dass ich selig sein soll und das ewige Leben haben an Seele und Körper.'"[2]

Luther hat sich auch selbst mit diesem Satz „ich bin getauft" immer wieder getröstet, wobei er ihn sich auch sinnlich vorstellig gemacht haben soll, indem er ihn vor sich auf den Tisch schrieb.[3]

Das Verständnis der Taufe als Sakrament, die in ihr grundgelegte Zugehörigkeit des Täuflings zu Jesus Christus sowie die durch sie ergehende Berufung in die Jüngerschaft und Nachfolge gehören zusammen. In allem zielt die Taufe auf ihre existenzbestimmende Aneignung im Glauben. Darin ist

---

1 Da „ein christliches Leben nichts anderes ist als eine tägliche Taufe, einmal angefangen und immer fortgesetzt". Vgl. AMT DER VELKD (Hrsg.), Unser Glaube. Die Bekenntnisschriften der evangelisch-lutherischen Kirche. Ausgabe für die Gemeinde, 6., völlig neu bearbeitete Auflage Gütersloh 2013 [im Folgenden abgekürzt als UG], Großer Katechismus [im Folgenden abgekürzt als Gr. Kat.], 622.

2 A. a. O., 618.

3 Vgl. WA.TR 1, Nr. 894.

die Taufe, wie es der Taufritus versinnbildlicht, auf den konkreten Einzelnen bezogen.

Zugleich *sozialisiert* die Taufe den Täufling auf elementare Weise. Er wird in den Leib Christi als die Gemeinschaft aller Getauften und Glaubenden an allen Orten und zu allen Zeiten aufgenommen. Der Leib Christi ist nach biblischem und evangelischem Verständnis wiederum keine bloß unsichtbare Größe. Er gewinnt Gestalt in der um Wort und Sakrament versammelten Gemeinde (*Confessio Augustana* Art. VII) als den Grundvollzügen gemeindlichen Lebens. Im gottesdienstlichen Vollzug der Taufe kommt zum Ausdruck, dass der Einzelne, unabhängig davon, ob er als Säugling, Kind, Jugendlicher oder Erwachsener getauft wird, für sein Glaubensleben auf den Lebens- und Überlieferungszusammenhang einer konkreten Gemeinde angewiesen ist. Dies hat zunächst weniger etwas mit rechtlichen Fragen der Kirchenmitgliedschaft zu tun, wiewohl sie damit verknüpft sind. Es entspricht vielmehr der Einsicht in den Grundvollzug des Glaubenslebens, das nicht aus sich selbst lebt, sondern daraus, dass in Gemeinde, Familie und Freundeskreis auf vielfältige Weise das Evangelium kommuniziert wird. Und darin wiederum entspricht das Glaubensleben der ganz grundlegend auf Sozialität hin angelegten Natur des Menschen.

In Zeiten einer übersteigerten Individualisierung wie den unseren mag dies für viele eine theologisch zwar wohlbegründete, indes lebensweltlich abstrakte Anmutung darstellen. Es könnte freilich durchaus sein, dass das an seiner übersteigerten Individualisierung weitgehend erschöpfte und durch die Globalisierungserfahrung zunehmend verunsicherte Selbst der Zeitgenossen im Ganzen wieder zugänglicher ist für die Frage der Beheimatung des Selbst.

Der Lebens- und Überlieferungszusammenhang der Gemeinde jedenfalls hat solcher Beheimatung im Glauben zu dienen. Gerade im Taufgottesdienst kommt dies in einer elementaren Weise zum Ausdruck. Zwar ist das Subjekt der Taufe der dreieinige Gott; gleichwohl ist der Taufgottesdienst auch ein Handeln der Gemeinde. Sie bringt durch Gebet und Fürbitte den Täufling im Gottesdienst vor Gott und nimmt ihn zugleich in die konkrete Gemeinde auf. Damit übernimmt die Gemeinde auch die Verantwortung, für den Lebens- und Überlieferungszusammenhang des Evangeliums einzustehen. Sie trägt, wie dies in besonderer Weise für Eltern und Paten gilt, Sorge dafür, dass der Glaube des Getauften ausgebildet, gefördert und gestärkt wird. Und Theologie und Kirche tun gut daran, auf die praktischen Implikationen für die Wahrnehmung dieser Verantwortung zu reflektieren.

Die hier knapp beschriebenen theologischen Grundaussagen der Tauflehre werden in den folgenden Beiträgen erörtert und von ihnen her aktuelle Herausforderungen der pastoralen und gemeindlichen sowie rechtlichen Praxis beleuchtet. Dabei dient die Besinnung auf den theologischen Gehalt der Taufe dazu, die Taufpraxis auf diese ihre theologische Tiefendimension hin durchsichtig zu machen. Von hieraus gilt es dann, den für die Taufpraxis relevanten Rahmen abzustecken: Was ist grundlegend und unverzichtbar, damit ein Ritus als Taufe gelten kann? Was fällt in den Bereich des Gestaltbaren, um den lebensweltlichen Erwartungen der Tauffamilien gerecht zu werden? Wo liegen aber auch die Grenzen freier Gestaltung, die vom theologischen Sinn der Taufe her geboten sind? In jedem der Beiträge wird eine Reihe von aktuellen Herausforderungen aufgerufen,[4] und in

4 Siehe AXT-PISCALAR, 19 ff.; HECKEL, 47 ff.; HERBST, 111 ff.; DE WALL, 139 ff., NITSCHE, 149 ff.

jedem Beitrag werden die Grundaussagen lutherischen Taufverständnisses mitgeführt und auf aktuelle Fragen um die Praxis der Taufe bezogen.

Christine Axt-Piscalar erörtert unter der Überschrift „Die Bedeutung der Taufe für das ganze Leben des Christenmenschen" die Grundzüge lutherischer Lehre von der Taufe. Sie hebt die Bedeutung der Einmaligkeit, Unverbrüchlichkeit und Vorgängigkeit der Taufe als Sakrament hervor. Als solches zielt die Taufe auf ihre existenzbestimmende Aneignung im Glauben. Diese Einübung in den Taufglauben bildet einen lebenslangen Prozess.

Von der grundlegenden Einsicht in den Gabecharakter der Taufe her ergeben sich theologische Gründe für die Praxis der Kindertaufe; Gründe, die auch bei der Erwachsenen- bzw. Gläubigentaufe leitend sein sollten. Die Taufe verbindet mit Christus, seinem Sterben und seiner Auferstehung (Röm 6). Das Leben des Getauften ist als Sein in der Christusgemeinschaft zu begreifen und zu leben, was gegenüber einem einseitig schöpfungstheologischen Verständnis betont wird. Mit der Zugehörigkeit zu Christus sind die Begründung der Jüngerschaft des Getauften, die im Abendmahl erneuert und bekräftigt wird, sowie der Ruf in die Nachfolge zu einem christusförmigen Leben verbunden; insofern hat die Taufe zugleich ethische Implikationen.

Die Taufe sozialisiert den Einzelnen auch auf elementare Weise, indem sie ihn in den Leib Christi als die Gemeinschaft aller Getauften und Glaubenden an allen Orten und zu allen Zeiten sowie in die konkrete Gemeinde eingliedert. Axt-Piscalar unterstreicht die Bedeutung der konkreten Sozialgestalt von Kirche und des geschichtlich vermittelten Lebens- und Überlieferungszusammenhangs, in dem das Evangelium die

Menschen erreicht und gelebt wird. Dies stellt theologisch gesehen eine Implikation dessen dar, dass der christliche Glaube in einem geschichtlichen Geschehen, dem Evangelium *in persona* Jesu Christi, gründet. Und es entspricht zudem der grundlegenden Sozialität des Menschen, dass das Glaubensleben des Einzelnen in der konkreten Gemeinschaft der Glaubenden angebildet, beheimatet, gepflegt und genährt wird.

Ulrich Heckel unterstreicht in seinen Ausführungen zu den biblischen Aussagen die Bedeutung, die der Taufbefehl für das Selbstverständnis der christlichen Kirche hat: Sie kommt ihrer ekklesiologischen Bestimmung nach, indem sie im Auftrag des auferweckten Gekreuzigten zu den Menschen hingeht, tauft und lehrt. „Gehet hin, ist wieder neu zu lernen", so Heckel. Die Taufe verlangt ebenso „die Fortsetzung im Lehren und Lernen: von Seiten der Gemeinde in der Vermittlung christlicher Inhalte ..., von Seiten des Täuflings ein lebenslanges Lernen, Festhalten, Bewähren und Bewahren dessen, was Jesus für das Leben in der Nachfolge gelehrt hat und in den Briefen des Neuen Testaments weiter entfaltet wird." Einem einseitig schöpfungstheologisch ausgerichteten Taufverständnis gegenüber betont Heckel zum einen die vom Neuen Testament bezeugte christologische Dimension der Taufe. Sie begründet „die Aufnahme in die Schicksalsgemeinschaft mit Christus, dem Gekreuzigten und Auferstandenen". Zum anderen betont er ihre ekklesiologische Dimension. Diese begründet die Aufnahme in den Leib Christi als der Einheit aller Glaubenden und Getauften wie auch in die konkrete Gemeinde.

Die Taufe ist, so stellt Heckel heraus, Heilsgabe Gottes, indem sie den Täufling mit Christus verbindet und der Mensch der Empfangende ist. Glaube und Nachfolge gehören zu den geistgewirkten Wirkungen der Taufe.[5] Was das Taufritual angeht, so plädiert Heckel dafür, die Beistandszusage, mit der der Taufbefehl schließt, als ein Kriterium für die Wahl des Taufspruchs anzusehen, der mithin nicht ins gänzliche Belieben der Tauffamilie gestellt sein kann, sondern den gewissmachenden Zusage-Charakter, der dem Taufgeschehen als Ganzem eignet, zum Ausdruck bringen sollte.

Michael Herbst fragt, ob der theologischen Hochschätzung der Taufe, wie sie in Theologie und Kirche gemeinhin vertreten wird, auch eine praktische Sorgfalt im kirchlichen Leben sowohl mit denjenigen, welche die Taufe begehren, als auch mit denen, die bereits getauft sind, entspricht. Er greift die theologische Grundaussage auf, dass die Taufe nicht bloß Anfangspunkt, sondern verlässlicher Grund und Bezugspunkt bzw. lebensüberspannende Zusage der Gnade und Treue Gottes ist, die im Leben des Getauften auch greifen soll, und konfrontiert die kirchliche Praxis mit seiner Kernfrage: „Gibt ihnen die gemeindliche und pastorale Begleitung genügend mit auf den Weg zum bzw. im Glauben?“ Diese Frage stellt sich verstärkt in einem Kontext, der immer weniger bzw. gar nicht von volkskirchlichen Strukturen geprägt ist.

Die Überlegungen von Herbst zielen auf eine Erneuerung bzw. Stärkung des Katechumenats, insbesondere in Gestalt von *Kursen zum Glauben,* die es in unterschiedlichen Formaten, auf die Bedürfnisse der Teilnehmenden zugeschnitten, den regionalen Gegebenheiten der Gemeinden vor Ort angemessen, geben sollte. Deren Aufgabe besteht darin, den theo-

---

5 Zum Verhältnis von Taufe und Glauben im NT und den Implikationen für das gegenwärtige theologische Verständnis siehe die differenzierten Ausführungen von HECKEL, 47 ff.

logischen Grundsinn der Taufe zu vermitteln und vor allem auch ihre Bedeutung als eine Einweisung in die Praxis des christlichen Lebens in der Nachfolge zu erhellen. Folgerichtig geht es Herbst nicht allein um Vermittlung der Glaubensgehalte, so nötig diese für das mündige Christsein sind, sondern auch darum, „zum kontinuierlichen Anschluss an Orte anzuregen, an denen das Leben aus der Taufe durch Wort und Sakrament gefördert und erhalten wird". In der Wahrnehmung solcher katechetischer Verantwortung sieht Herbst eine der möglichen und notwendigen Antworten auf seine provozierende Frage, die sich die volkskirchliche Praxis der Taufe gestellt sein lassen muss: „Wie können wir interessierten Menschen mehr bieten als Mitgliedschaft in einer ehrwürdigen Institution?"

Heinrich de Wall klärt über die geltenden kirchenrechtlichen Regelungen im Blick auf Taufe und Kirchenmitgliedschaft auf. Mit Bedacht wird die grundsätzliche Vorordnung der theologischen Begründung vor der Rechtsregelung betont – so, wenn es heißt: „Unter welchen Voraussetzungen eine Taufe anzuerkennen ist, muss aufgrund theologischer Kriterien bestimmt werden." Diese Frage ist gegenwärtig relevant im Blick auf den Ritus, den sogenannte „freie Taufanbieter" vollziehen. Wenn das von diesen vollzogene Ritual als gültig vollzogene Taufe angesehen werden kann, wofür die Kriterien theologisch zu klären sind,[6] dann stellt dies einen Fall dar, der, so de Wall, im Kirchlichen Mitgliedschaftsrecht der EKD nicht geregelt ist. Von daher zieht de Wall die Folgerung: „Die Mitgliedschaft in einer Kirche der EKD kann dann dadurch begründet werden, dass der Betreffende sich als

6 Zur Frage der Bedingungen für die »Gültigkeit« der Taufe siehe AXT-PISCALAR, 26f., sowie NITSCHE, 149 ff.

evangelischer Christ bekennt und einer der Gliedkirchen der EKD beitritt. Ein solcher Beitritt ist aber im KMitglG.EKD nicht geregelt [...] Sofern ein praktisches Bedürfnis dafür erkennbar ist, wäre empfehlenswert, das KMitglG.EKD für diesen Fall zu ergänzen: also den Fall, dass ein Getaufter keiner christlichen Kirche oder Religionsgemeinschaft angehört hat, aber sich einer der Gliedkirchen der EKD anschließen möchte." Dies würde einer auch rechtlich nachvollziehbaren Regelung entsprechen.[7]

In einem Abschnitt „Alternative Formen der Mitgliedschaft" wägt de Wall des Weiteren die in der entsprechenden Diskussion vorgebrachten Argumente für eine „Schnuppermitgliedschaft" bzw. eine gestufte Kirchenmitgliedschaft ab, die er aus rechtlicher Perspektive im Ganzen gesehen für nicht überzeugend hält.

Stefan Ark Nitsche legt zunächst die einschlägigen Aussagen aus der *Taufagende der VELKD* sowie aus den *Leitlinien kirchlichen Lebens der VELKD* dar und entwickelt darauf aufbauend und auf der Grundlage des theologischen Verständnisses der Taufe Prüfkriterien für den Umgang mit aktuellen Herausforderungen in der pastoralen Praxis. Er geht auf das Taufgespräch und die Rolle von Eltern und Paten ein, in dem es um den vermittelnden Ausgleich von familiären Erwartungen und Wünschen mit den wesentlichen theologischen Aspekten der Taufe zu tun sein sollte. Er leitet dazu an, auf die Erwartungen auf Seiten der Tauffamilien im Gespräch einzu-

7 Anders gelagert sind Fälle, in denen Menschen, z. B. vermehrt Flüchtlinge, sagen, sie seien getauft, ihre Taufe jedoch nicht mit einem Taufschein nachweisen können. Auch diese Fälle sind von dem geltenden KMitglG. EKD nicht erfasst und bedürften einer ergänzenden Regelung. Dazu siehe NITSCHE, 149 ff.

gehen, jedoch die theologischen Aspekte der Taufe zur Geltung zu bringen und diese – etwa im deutenden Durchgang durch den Gottesdienst – zu erläutern, über ihren theologischen und existenziellen Sinn aufzuklären.

Zur anleitenden Orientierung für die pastorale Praxis unterscheidet Nitsche „unverzichtbare und verbindliche Teile der Taufhandlung" von solchen, die einer freieren Gestaltung offenstehen. Die Frage der „Gültigkeit" der Taufe wird mit Verweis auf die *Magdeburger Erklärung* und die darin formulierte Bestimmung einer gültig vollzogenen Taufe ökumenisch verantwortet. Wie mit Getauften, aber aus der Kirche Ausgetretenen pastoral umzugehen ist, bildet eine Frage, die angesichts der Zahl der betreffenden Menschen zunehmend an Gewicht gewinnt. Sie ist vor dem Hintergrund auszutragen, dass eine gültig vollzogene Taufe unverbrüchlich ist, mithin der Getaufte weiterhin als Getaufter anzusehen, pastoral entsprechend zu begleiten und auf die ekklesiologischen Implikationen der Taufe hin anzusprechen ist.

In anderer Weise spielt die Frage der Gültigkeit der Taufe bei den Riten eine Rolle, welche die sogenannten „freien Taufanbieter" vollziehen. Diese Rituale sind daraufhin zu prüfen, ob die Kriterien einer gültig vollzogenen Taufe gegeben sind. Wenn sie gegeben sind, so argumentiert Nitsche, dann ist die Taufe anzuerkennen, auch wenn sich der Vollsinn der Taufe nach gemeinevangelischer Auffassung erst dann verwirklicht, wenn der Täufling auch in den konkreten Überlieferungs- und Lebenszusammenhang einer Gemeinde eintritt. Vor diesem Hintergrund wägt Nitsche die seelsorgerlichen und kirchenrechtlichen Implikationen ab, die zu bedenken sind, wenn ein von einem „freien Taufanbieter" Getaufter den Eintritt in eine konkrete Kirchgemeinde vollziehen möchte.

Mit diesem Buch will der Theologische Ausschuss der VELKD eine Orientierung geben für Pfarrerinnen und Pfarrer, Katechetinnen und Katecheten, Kirchenvorsteher und Ehrenamtliche, die mit theologischen Fragen nach dem Sinn der Taufe, mit deren rechtlichen Implikationen sowie der Gestaltung der konkreten Taufpraxis befasst sind. Die Texte richten sich aber auch an alle Getauften sowie solche, die die Taufe anstreben, und wollen dazu anregen, dem Sinn der Taufe und ihrer Bedeutung für das eigene Leben nachzudenken. Jeder Text wurde im Theologischen Ausschuss der VELKD intensiv diskutiert. Für ihre jeweiligen Texte zeichnen die Autorin und die Autoren in besonderer Weise verantwortlich. Der Theologische Ausschuss versteht das Buch gleichwohl als einen gemeinsam getragenen Beitrag zur Verständigung über die Taufe vor dem Hintergrund aktueller Herausforderungen.

Den Beiträgen angefügt sind zwei grundlegende Texte Martin Luthers zum Verständnis der Taufe, sein *Sermon vom heiligen hochwürdigen Sakrament der Taufe* (1519) und der Abschnitt zur Taufe aus dem *Großen Katechismus* (1529), die zur Lektüre eigens empfohlen seien.

Es fügt sich gut, dass dieses Buch im Jahr des Reformationsjubiliäums erscheinen kann und auf seine Weise bekräftigt, „dass man die Taufe als kostbar ansehe und wertschätze“[8].

Christine Axt-Piscalar
Vorsitzende des theologischen Ausschusses der VELKD

Claas Cordemann
Referent für theologische Grundsatzfragen der VELKD

---

8 Gr. Kat., UG, 612.

Christine Axt-Piscalar

Die Bedeutung der Taufe für das ganze Leben des Christenmenschen[1]

1. Zusammengehörigkeit von individualisierendem und sozialisierendem Charakter der Taufe

Für das lutherische und das gemeinevangelische Verständnis der Taufe sind zwei Aspekte grundlegend, die unauflösbar miteinander verbunden sind. Zum einen hat die Taufe einen zuhöchst individualisierenden Charakter: Sie gilt dem konkreten Individuum, das bei seinem Namen gerufen und dem der durch die Taufe zugesagte Gnadenbund Gottes versinnbildlicht und leibhaft zuteil wird. Dieser Gnadenbund wird einmal vollzogen und steht unverbrüchlich über dem ganzen Leben des Getauften bis zu seiner eschatologischen Vollendung. In der Taufe wird der je eigene Name des Täuflings

---

[1] Die folgenden Ausführungen geben keine umfassende Entfaltung lutherischer Tauflehre, sondern beschränken sich auf Grundzüge, die im Blick auf aktuelle Herausforderungen in der Taufpraxis eine Orientierung am theologischen Grundsinn der Taufe geben wollen. Zu einer ausführlichen Darlegung des lutherischen Taufverständnisses vgl. CHRISTINE AXT-PISCALAR, Taufe – Sünde – Buße bei Luther und in den Lutherischen Bekenntnisschriften, in: THEODOR SCHNEIDER/GUNTHER WENZ (Hrsg.), Gerecht und Sünder zugleich? Ökumenische Klärungen, Freiburg i.Br. 2001, 168–184; vgl. ferner DIES., Das lutherische Verständnis von der Taufe als Gnadengabe, in: DAGMAR HELLER (Hrsg.), Die Gnade Gottes und das Heil der Welt, ÖR.B 79, Frankfurt am Main 2007, 93–106.

mit dem Namen des dreieinigen Gottes zusammengesprochen und die heilsame Zugehörigkeit des Täuflings zu Jesus Christus ein für allemal begründet.[2] Diese Zugehörigkeit zu Jesus Christus wird im Glauben persönlich angeeignet und kommt so zu ihrer existenzbestimmenden Wirkung im Leben des Christenmenschen. Die Taufe beruft den Täufling zugleich in die individuelle Jüngerschaft und Nachfolge. Dieser, der bei seinem Namen Gerufene, definitiv Christus Zugehörige,[3] ist dazu berufen, in seinem individuellen Leben Christus konkret Gestalt werden zu lassen. So gehören der sakramentale Charakter der Taufe als einer unverbrüchlichen Gabe Gottes und ihre existenzbestimmende Aneignung im persönlichen Glauben und der Nachfolge unauflöslich zusammen; und so kommt die Bedeutung der Taufe für das Ganze des

---

2 Der Christusbezug der Taufe gehört unabdingbar zum theologischen Grundsinn der Taufe. Daran ist gegenüber einer einseitig schöpfungstheologisch orientierten Auslegung des Taufgeschehens auf Seiten der Taufbegehrenden sowie der Taufenden festzuhalten. Zum theologischen Grundsinn der Taufe gehört ebenso, dass sie die Jüngerschaft des Täuflings begründet und in die Nachfolge beruft. Auch diese Dimension darf im Blick auf die Taufe nicht marginalisiert werden. Eine „theologische Engführung" im Sinne einer sich verstärkenden Deutung der Taufe „ausschließlich vom ersten Glaubensartikel her" beanstandet Herbst und konstatiert: „Weder der Aspekt der rettenden Gnade (zweiter Glaubensartikel) noch der Ruf in die gehorsame Lebensgestalt des Christen (dritter Glaubensartikel) kommen auch nur annähernd gleichwertig zur Geltung." (siehe Herbst, 119) Beide Aspekte werden in dem Beitrag von Heckel anhand des biblischen Befundes als schlechthin grundlegend für das Verständnis der Taufe im NT herausgearbeitet.

3 Vgl. Gerhard Ebeling, Dogmatik des christlichen Glaubens Bd. III, Der Glaube an Gott den Vollender der Welt, Tübingen [4]2012, 320: „Sie [die Taufe] macht den Täufling geradezu zum Einzelnen, indem er persönlich daraufhin mit Namen angesprochen wird, daß seine Übereignung an Christus etwas Definitives hat."

christenmenschlichen Lebens zum Tragen, welche in der eschatologischen Vollendung des Lebens zu ihrer endgültigen Verwirklichung gelangt.

Zum anderen *sozialisiert* die Taufe den Täufling auf theologisch elementare Weise: Er wird in den Leib Christi als die Gemeinschaft aller Getauften und Glaubenden an allen Orten und zu allen Zeiten aufgenommen. Die Kirche als Leib Christi wiederum ist nach lutherischer und gemeinevangelischer Auffassung keine bloß unsichtbare Größe, sondern hat sichtbare Zeichen. Sie wird gegenwärtig dort, wo diese Zeichen gegeben sind, nämlich in der um Wort und Sakrament versammelten Gemeinde als der konkreten Gestalt der Kirche (CA VII).[4] Dies gilt auch dann, wenn die konkrete Gottesdienstgemeinde ein *corpus permixtum* aus wahrhaft Glaubenden, gastweise und interessiert Teilnehmenden, distanziert Teilnehmenden und Ungläubigen darstellt. Denn der Kirche ist verheißen, dass, wo das Evangelium verkündigt wird und die Sakramente recht verwaltet werden, Jesus Christus gegenwärtig ist und durch seinen Geist Glauben weckt, erhält und stärkt.[5] Im Vollzug der Taufe kommt so

---

4 Dass die Taufe diese ekklesiologische Bedeutung hat, wird von den Taufbegehrenden im Raum der Kirche im Allgemeinen gesehen und auch affirmiert. Sie wird hingegen im Fall der Taufe von sogenannten „freien Taufanbietern“ bestimmt negiert, und damit bleibt ein Grundmoment des theologischen Sinngehalts der Taufe, der auf die Einbindung des Täuflings in den Lebens- und Überlieferungszusammenhang einer konkreten Gemeinde zielt, unberücksichtigt.

5 Dies soll das Verständnis von Gemeinde nicht auf die um Wort und Sakrament versammelte Gemeinde eingrenzen. Es gibt darüber hinaus vielfältige Vollzüge, in denen sich der Lebens- und Überlieferungszusammenhang der christlichen Gemeinde ausdrückt. Festzuhalten ist jedoch, dass die Gemeinde von Wort und Sakrament als den Kernvollzügen gemeindlichen Lebens lebt.

zum Ausdruck, dass der Einzelne für sein eigenes Glaubensleben auf den Überlieferungs- und Lebenszusammenhang einer konkreten Gemeinde angewiesen ist. Und es kommt so zugleich zum Ausdruck, dass die Gemeinde als konkrete Gestalt der Kirche Jesu Christi auf Erden darin ihrer ekklesiologischen Bestimmung nachkommt: dass sie dem Auftrag Jesu Christi folgend (Mt 28,18–20) Menschen tauft und in den Leib Christi eingliedert.

Diese enge Verbindung von zuhöchst individualisierender und zugleich sozialisierender Dimension ist für den theologischen Grundsinn der Taufe konstitutiv.[6] Dieser gelangt in der liturgischen Gestaltung des Taufgottesdienstes zum manifesten Ausdruck: Er bringt das durch das Taufgeschehen vermittelte Handeln Gottes am Täufling ebenso zur Darstellung wie das Handeln von Eltern, Paten und der konkreten Gemeinde für den Täufling. Der Täufling wiederum ist dabei – sei es als Säugling, Kleinkind, Jugendlicher oder Erwachsener – ein schlechthin *Empfangender*, der sich die *Gabe* der Taufe zuteil werden und zugesagt sein lässt, die im persönlichen Glauben existenzbestimmend angeeignet und wirksam wird. Dass keiner sich selbst taufen kann, sondern dass man

6 Die genannten Grundaspekte hält die *Leuenberger Konkordie* als gemeinevangelische Überzeugung der Kirchen der GEKE zutreffend fest, indem es bezüglich der „im Namen des Vaters, des Sohnes und des Heiligen Geistes mit Wasser vollzogenen« Taufe heißt: „In ihr nimmt Jesus Christus den der Sünde und dem Sterben verfallenen Menschen unwiderruflich in seine Heilsgemeinschaft auf, damit er eine neue Kreatur sei. Er beruft ihn in der Kraft des Heiligen Geistes in seine Gemeinde und zu einem Leben aus Glauben, zur täglichen Umkehr und Nachfolge." (LK Nr.14, zitiert nach: Michael Bünker/Martin Friedrich [Hrsg.], Konkordie reformatorischer Kirchen in Europa [Leuenberger Konkordie]. Dreisprachige Ausgabe mit einer Einleitung von Michael Bünker, Leipzig 2013)

getauft wird, bildet liturgisch den elementaren Ausdruck des Gabecharakters der Taufe und des reinen Empfangens auf Seiten des Täuflings ab.[7]

Dass keiner sich selbst taufen kann, sondern dass man getauft wird, verweist darüber hinaus darauf, dass der Täufling für die Taufe und die Teilhabe an dem, was sie zusagt, auf den konkreten Lebens- und Überlieferungszusammenhang der christlichen Gemeinde angewiesen ist. Und umgekehrt gilt, dass die Kirche Kirche ist, indem sie in einer geordneten Weise tauft und Menschen in die Gemeinschaft des Leibes Christi eingliedert; eine Gemeinschaft, für die gilt, dass die Zugehörigkeit zu ihr durch Taufe und Glauben begründet wird und so – durch das Sein in Christus – eine Einheit der Getauften und Glaubenden begründet ist, in welcher der trennende Charakter der Unterschiede aufgehoben ist (Gal 3, 26–29), der in der weltlichen Denkungs- und Lebensart beherrschend ist.

---

7 Es ist wichtig hervorzuheben, dass die durch Taufe und Glauben begründete Einheit in Christus die *trennende* Wirkung der Unterschiede zwischen den Einzelnen aufhebt, indem diese in Christus eins sind. Dieses In-Christus-eins-Sein heißt indes nicht, dass damit die Individuierung des Einzelnen aufgehoben ist. Vielmehr ist gerade die glaubende Aneignung des Christusbezugs im individuellen Leben als Vollzug der durch die Taufe und ihre Aneignung im Glauben eröffneten Individuierung des Lebens eines jeden Getauften zu begreifen. Anders gesagt: Was die Taufe zusagt, ist im je konkreten Leben des Einzelnen anzueignen. Dadurch gelangt der Einzelne zu einem individuierten Lebensvollzug. Das, was die Taufe zusagt, will – im aneignenden Glauben – *in concreto* gelebt werden.

2. Aktuelle Fragen und Probleme

Der zugleich individualisierende und sozialisierende theologische Grundsinn der Taufe ist auch mitzuführen bei der Klärung der mannigfaltigen Fragen im Blick auf die Bedeutung und Praxis der Taufe, wie sie in der Gegenwart verstärkt aufgekommen sind. Um einige dieser Fragen zu nennen:

Welche Gestaltungsformen der Taufe entsprechen ihrem theologischen Grundsinn und welche tun dies nicht?

Welche Erwartungen und Wünsche der Taufbegehrenden können im Taufgottesdienst aufgegriffen werden und wo liegen diesbezüglich Grenzen, die sich vom theologischen Grundsinn der Taufe her ergeben?[8]

Wird in Praxis und Verkündigung an der Bedeutung der Taufe als Grundsakrament des christlichen Lebens, das die heilsame Zugehörigkeit zu Christus begründet sowie in die Jüngerschaft und die Nachfolge ruft, festgehalten und einer Verflachung ihres Bedeutungsgehalts und ihrer Wahrnehmung als niederschwelliges Ritual hinreichend gewehrt?

Welche Aufgaben sind mit der Taufe für Eltern und Paten verbunden und wie kann damit umgegangen werden angesichts einer oft nur losen Verbindung von Eltern und Paten zum Lebens- und Überlieferungszusammenhang der Kirche?

Welche Verantwortung kommt der konkreten Gemeinde im Blick auf in ihr Getaufte und deren Heranführung an den Lebens- und Überlieferungszusammenhang der Kirche zu?[9]

---

[8] Siehe Nitsche, 149 ff. Unter dem Titel „Das individuelle Ritual“ wurde jüngst von der zunehmenden Individualisierung berichtet, die auch vor dem Sakrament nicht Halt mache und sich in der wunsch- und eventorientierten Gestaltung der Tauffeiern verstärkt niederschlage (vgl. Jens Bayer-Grimm, Das individuelle Ritual, online zugänglich unter: https://www.ekd.de/aktuell/edi—2016—04—02—taufrituale.html.

Wer tauft und in welchem Auftrag wird getauft?[10]

Und weiter: Welche Implikationen hat die Taufe für das Verhältnis des Getauften zur Kirche? Führt sie nur den Bezug zur unsichtbaren Kirche mit sich oder auch den zur verfassten Kirche?[11]

Ist mit dem Bezug zur verfassten Kirche allein derjenige zur konkreten Gemeinde gemeint oder auch der zur Landeskirche und zur EKD; oder nur zu dieser und nicht zu jener bzw. jenen?

Sind mit der Taufe notwendig die in der evangelischen Kirche in Deutschland implizierten kirchenrechtlichen Folgen verbunden, nämlich die Kirchenmitgliedschaft und die mit dieser verbundenen kirchlichen Rechte (Inanspruchnahme vor allem von Kasualien, Mitbestimmung und Übernahme von Ämtern in der Gemeinde) und Pflichten (insbesondere die Zahlung der Kirchensteuer) gegenüber der verfassten Kirche?

Gibt es eine gemessen am Grad der Beteiligung und des Interesses an der Kirche ‚gestufte Kirchenmitgliedschaft' mit graduell eingeschränkten Rechten und Pflichten?[12]

Was impliziert der Kirchenaustritt für die unverbrüchlich Getauften und wie ist mit aus der verfassten Kirche ausgetretenen Getauften weiterhin umzugehen?

---

9 Siehe dazu den Beitrag von Herbst in diesem Buch, der vor diesem Hintergrund für die verstärkte Wahrnehmung des Katechumenats unterschiedlichen Formats, abgestimmt auf die gemeindlichen Bedürfnisse und ausgerichtet auf den theologischen Grundsinn der Taufe, plädiert, 111–137.

10 Diese Frage stellt sich vornehmlich angesichts des Angebots sogenannter „freier Taufen"; siehe dazu Nitsche, 173–175.

11 Auch diese Frage stellt sich besonders im Blick auf die Rituale der „freien Taufanbieter".

12 Siehe zu den kirchenrechtlichen Implikationen den Beitrag von De Wall in diesem Buch, 139–148.

3. Theologische Entfaltung

3.1 *Die Zusammengehörigkeit von sinnlichem Zeichen und Verheißungswort*

Grundlegend für das Verständnis der Taufe ist die unabdingbare Zusammengehörigkeit von Taufbefehl (Mt 28,18–20) und Taufverheißung (Mk 16,16), Wasser als sinnlichem Zeichen und trinitarischer Tauformel.[13] Die Verbindung von sinnlichem Zeichen und göttlichem Verheißungswort macht das sinnliche Zeichen zum Sakrament, zur sinnfälligen, dem Einzelnen *in concreto* leibhaft zugeeigneten[14] und zugesagten Gabe, die ihre Wirksamkeit im Leben des Getauften entfaltet, indem sie im Glauben existenzbestimmend angeeignet wird.

3.2 *Die Taufe ist „Gottes eigen Werk"*

Der Verweis auf Taufbefehl und Taufverheißung, von dem her begründet die Kirche ihre Taufpraxis versteht, macht deutlich, dass die Praxis der Taufe nicht menschlichem Gutdünken, sondern göttlichem Heilswillen entspringt und entspricht,[15] und man deshalb darauf vertrauen kann und soll, dass sich mit dem Taufgeschehen geistgewirkt das einstellt, worauf es ausgerichtet ist: dass das Reich Christi zur exis-

13 Damit sind die unveräußerlichen Konstitutiva genannt, die in einer gültig vollzogenen Taufe gegeben sein müssen. An ihnen hängt die Gültigkeit der Taufe sowie ihre dem Getauften Gewissheit verbürgende Bedeutung und Kraft.

14 Insofern gibt Luther im Zusammenhang der Erörterung des Taufgeschehens immer auch eine theologische Deutung des sinnlichen Zeichens im Blick auf seinen mitgeführten Sinngehalt. Vgl. etwa Amt der VELKD (Hrsg.), Unser Glaube. Die Bekenntnisschriften der evangelisch-lutheri-

tenzbestimmenden Gegenwart im Leben des Getauften wird. Für den Glaubenden und seine Gewissheit hängt – und dies ist charakteristisch für Luther – alles daran, dass er sich das Sakrament der Taufe als ein Handeln Gottes an ihm zugeeignet und zugesprochen sein lässt. Darum heißt es, dass das eigentliche Subjekt des Taufgeschehens Gott selbst ist: „Denn in Gottes Namen getauft zu werden heißt, nicht von Menschen, sondern von Gott selbst getauft zu werden."[16] Die Taufe ist „Gottes eigene Tat"[17].

---

schen Kirche. Ausgabe für die Gemeinde, 6., völlig neu bearbeitete Auflage, Gütersloh 2013 [im Folgenden abgekürzt als UG], Großer Katechismus [im Folgenden abgekürzt als Gr. Kat.], 622: „Das Werk aber oder die Handlung bestehen darin, dass man uns ins Wasser hineinsenkt, bis es uns vollständig bedeckt, und uns anschließend wieder herauszieht. Diese beiden Teile, unter die Wasseroberfläche zu sinken und wieder heraufzukommen, verdeutlichen die Kraft und die Wirkung der Taufe, nämlich nichts anderes als die Tötung des alten Adam und danach die Auferstehung des neuen Menschen. Beides vollzieht sich unser Leben lang in uns."

15 Zum Selbstverständnis urgemeindlicher Praxis siehe Heckel, 49 ff. Zur Interpretation der „Einsetzung" der Taufe durch Jesus Christus in Mt 28 siehe Heckel, 83–94. Luther selbst (vgl. Gr. Kat., UG 614) und mit ihm die lutherische Tradition kann die Frage der Einsetzung der Taufe auch mit der Taufe Jesu durch Johannes begründen: „Christ, unser Herr, zum Jordan kam [...], [d]a wollt er stiften uns ein Bad, zu waschen uns von Sünden." (EG 202)

16 Gr. Kat., UG 612.

17 Ebd. In ihrer traditionellen Sprachgestalt lautet diese Formulierung: „Gottes eigen Werk", BSLK 693. Dass die Taufe auch auf Seiten der Taufbegehrenden, wie unterschiedlich auch immer, als ein göttliches Geschehen verstanden wird, hat Sommer in sorgfältigen Analysen herausgearbeitet. Vgl. Regina Sommer, Kindertaufe: Elternverständnis und theologische Deutung, Stuttgart 2009, 94–214.

3.3 *Das sinnliche Zeichen seinem theologischen Sinngehalt nach deuten*

Dies, dass die Taufe Gottes eigenes Werk ist, wird gesagt im Blick auf die *Verbindung* von sinnlichem Zeichen und Verheißungswort, die dem Täufling zuteil und zugesagt werden. Dabei kommt es darauf an, dass das sinnliche Zeichen den Sinngehalt vorstellig macht, der mit der Taufe verknüpft ist, weswegen das sinnliche Zeichen nicht zur beliebigen Variation und zur beliebigen Deutung freigegeben ist.[18] Luther hat den rituellen Vollzug des sinnlichen Zeichens von der christologischen Fundierung der Taufe her einer Deutung zugeführt.[19] Die Taufe begründet die Zugehörigkeit zu Christus und gibt Anteil an seinem Tod und seiner Auferstehung (mit

18 Diese „Situationsüberlegenheit" des Sakraments ist theologisch und auch ritualtheoretisch gegenüber einem gleichsam freimütigeren Zugriff auf die Gestaltung des Sakraments stark zu machen. Zwar gibt es in der Gegenwart eine deutliche Tendenz, gerade die Tauffeier nach individuellen Wünschen gestalten zu wollen (siehe oben unter Anm. 8 den Verweis auf den Beitrag von Bayer-Grimm). Es gibt aber durchaus auch eine Tendenz – als ein prominentes Beispiel sei der Schriftsteller Martin Mosebach genannt –, die das Ritual gerade in seiner überlieferten Form hochschätzt und die Ritualvergessenheit insbesondere evangelischer Frömmigkeit beklagt – ob zurecht oder zu unrecht, kann hier auf sich beruhen bleiben. Mit G. Ebeling zu sprechen: „Die gleichbleibende Gestalt von Taufe und Abendmahl [stellt] nicht eine ermüdende Wiederholung und Verarmung dar. Im Gegenteil, ihr kommt eine gar nicht hoch genug zu schätzende Situationsüberlegenheit zu in Hinsicht auf den steten Wandel des jeweils Aktuellen und in Bezug auf das Bedürfnis, mit ihm Schritt zu halten [...]. Das Sakrament [...] bringt gewissermaßen seine eigene Situationsgestalt mit sich." (Ebeling, Dogmatik des christlichen Glaubens, Bd. III, 319)

19 Auf die Deutung des Taufritus legt Luther größtes Gewicht (vgl. Gr. Kat., UG 620–623, und zuvor schon 615 f). Die Christuszugehörigkeit und die Teilhabe an Tod und Auferstehung Jesu Christi bilden für Luther (und für Paulus) die Grunddimension der Taufe. Darin liegt ihre radikale, eine neue

Röm 6). Von daher deutet er den Vollzug des sinnlichen Zeichens mit Wasser als ein Absterben des alten Menschen und Auferstehen des neuen Menschen, um die neue Wirklichkeit, die in und mit der Taufe heraufgeführt wird und im aus der Taufe gehobenen Leben täglich zu vollziehen ist,[20] zu erfassen. Die Taufe ist, kurz gefasst, ein „Bad der Wiedergeburt"[21].

In der Verbindung von sinnlichem Zeichen und Verheißungswort kommt freilich dem göttlichen Verheißungswort zentrale Bedeutung zu. Das Wasser allein tut's nicht: „Durchs Wort bekommt die Taufe ihre Kraft."[22] Es ist für Luther *göttliches* Wort, indem es *schöpferisches* Wort ist. Das Wort sagt dem Getauften eine neue Wirklichkeit zu – das Sein in Christus – und es kommt in der existenzbestimmenden Aneignung im persönlichen Glauben zu seinem Ziel.

3.4 In der Taufe verbürgt sich Gott

Göttliches Wort und ein vom Verheißungswort gewirkter und durch den Heiligen Geist getragener Glaube eröffnen den Prozess des Neuwerdens des Getauften, in welchem das Sein in Christus wirksam im Leben des Getauften wird und der Getaufte zu einem individuierten christenmenschlichen Leben gelangt, indem er sich die Taufzusage gesagt sein lässt und sein individuelles Leben danach, nämlich in einem neuen Geist, lebt. Für diesen lebenslangen Prozess ist es kon-

---

Wirklichkeit heraufführende, die alte Existenzform „abtötende", ja den Tod des Täuflings vorwegnehmende Bedeutung. Dies ist mit einem einseitig schöpfungstheologischen Verständnis der Taufe als Schutz- und Segensritus für das geschenkte Leben nicht hinreichend erfasst.

20 Vgl. das Zitat oben in Anm. 14 und insgesamt Gr. Kat., UG 620–624.

21 Gr. Kat., UG 615.

22 Ebd.

stitutiv, dass er herkommt und begründet ist durch ein dem individuellen Lebensvollzug des Einzelnen vorgängiges und in seiner Objektivität ein für allemal vorgegebenes Heilszeichen. Um dies auszudrücken, hat Luther das Taufgeschehen im Sinne einer Selbstverpflichtung Gottes[23] verstanden und dafür die Vorstellung des Bundes herangezogen. „Das hochwürdige Sakrament der Taufe verhilft dir dazu, dass sich Gott in ihm mit dir verbindet und mit dir eins wird in einem gnädigen tröstlichen Bund“[24], der „nicht zerbricht“, weil er „Gottes Anordnung und nicht unsere Sache“[25] ist.

Nun wird gelegentlich gefragt, ob man eine solche Selbstbindung von Gott aussagen kann und darf.[26] Darauf ist zu antworten: Die Pointe lutherischer Theologie und besonders lutherischer Frömmigkeit liegt darin, dass sie eine solche Selbstbindung Gottes an Wort und Sakrament aussagen und dies als eine – Gott gemäße – Konsequenz seines In-die-Welt-

23 Vgl. die emphatischen Formulierungen Luthers im *Sermon vom heiligen hochwürdigen Sakrament der Taufe* (1519): „Ist jemand in Sünde gefallen, so soll er vor allem an seine Taufe denken, wie sich Gott dort ihm verpflichtet hat, alle Sünde zu vergeben, wenn er gegen sie kämpfen will bis zum Tod. Auf ebendiese Wahrheit und Selbstverpflichtung Gottes muss man fröhlich vertrauen. Dann gewinnt die Taufe wieder ihre Wirkung und Kraft. Dann wird das Herz wieder friedlich und fröhlich [...] durch Gottes Barmherzigkeit, die ihm in der Taufe mit ewiger Geltung zugesagt ist. Und an diesem Glauben muss man so festhalten, dass man auch wenn alle Kreaturen und alle Sünden einen überfielen, dennoch an ihm hinge – im Wissen darum, dass der, der sich davon abbringen lässt, Gott in seiner Selbstverpflichtung im Sakrament der Taufe zu einem Lügner macht.“ (Martin Luther, Wort und Sakrament. Deutsch-Deutsche Studienausgabe Bd. 2 [im Folgenden StA II], hrsg. v. Johannes Schilling/Dietrich Korsch, Leipzig 2015, 17,19–31 [=WA II, 733,16–26])

24 StA II, 11,15–17 [=WA II, 730, 20–22].

25 Gr. Kat., UG 624.

26 Siehe Nitsche, 165.

Kommens in Persona Jesu Christi begreifen.[27] Deshalb hängt der Glaube an Wort und Sakrament, die sich darin als Medium göttlichen Handelns erweisen, dass sie Glauben und damit ein Neuwerden des Menschen im Geiste Jesu Christi wirken. Sie tun dies, indem sie die neue Wirklichkeit des Seins in Christus zusagen und zueignen – und der Glaubende sich dies zugesagt und zugeeignet sein lässt und so von und aus einer Wirklichkeit lebt, die nicht die seine ist, sondern ihr Sein in Christus hat, und die gerade so sein Leben neu zu machen vermag.[28]

3.5 Die Taufe als Gottes eigenes Werk ist unverbrüchlich

Mit der Vorstellung des göttlichen Gnadenbundes in der Taufe, der Gott „gnädig durch die Finger sehen lässt"[29], gehen der *unverbrüchliche Charakter* der Taufgnade sowie die *Ein-*

---

27 Die Bedeutung, die Luther Wort und Sakrament und insgesamt dem geschichtlich vermittelten Lebens- und Überlieferungszusammenhang, in dem das Evangelium die Menschen erreicht, zumisst (exemplarisch vollzogen in Luthers Kampf gegen die „Schwärmer", wir ergänzen: alter und neuer Spielart) ist die theologische Konsequenz aus der Inkarnation; sie stellt eine Implikation dessen dar, dass der christliche Glaube in einem geschichtlichen Geschehen, dem Evangelium in Persona Jesu Christi, gründet.

28 Dies meint klassisch gesprochen das Extra-se-Sein des Glaubenden. Es hält zunächst fest, dass ich mich nicht aus mir selbst und nicht aus der Zuschreibung der anderen heraus verstehe, sondern dass ich für das Neuwerden meiner selbst, auf das ich angewiesen bin, von mir selbst loskommen können muss, mich mithin in einem anderen und von einem anderen her – nämlich in Christus – begreifen kann und es dadurch zu einer Neubestimmung meiner selbst kommt. Luther nennt dies den fröhlichen Wechsel, aufgrund dessen ich in Christus eine neue Kreatur sein kann. Hier ist zugleich dasjenige heranzuziehen, was oben zur Seligkeit, die mit der Taufe verheißen ist und mit dem Taufglauben einhergeht, gesagt ist.

29 Taufsermon, WA II, 731, 18 f.

maligkeit der Taufe einher. Sie ist mit dem Verheißungswort verbundene sinnfällige Manifestation der unbedingten Treue Gottes gegenüber dem Getauften. Darum wird sie nur *einmal* vollzogen und eine Wiedertaufe ist abzulehnen. Darum kann, wer getauft ist, nicht aus der Taufe herausfallen.[30] Denn Gottes Zuspruch und sein Anspruch an den Täufling bleiben bestehen, weil die Taufe „Gottes Anordnung und nicht unsere Sache“[31] ist. Für den Getauften bedeutet dies, dass er immer wieder zur Taufe und ihrer Gnadenzusage „hinkriechen“ kann und soll, insbesondere dann, wenn ihn Verzweiflung, Not und Gewissenspein beuteln.[32]

---

30 Dies bildet die theologische Grundlage für den Umgang mit aus der Kirche ausgetretenen Getauften. Sie bleiben getauft und sind von der Kirche als Getaufte anzusprechen. Mit dem Austritt aus der verfassten Kirche unterlaufen sie jedoch eine Grunddimension der Taufe. Die Taufe bindet den Getauften an den konkreten Lebens- und Überlieferungszusammenhang einer Gemeinde, in dem das Evangelium verkündigt und das Abendmahl, das der Erneuerung und Bekräftigung der Jüngerschaft des am Mahl Teilnehmenden dient, dargereicht wird. Insofern verweisen Taufe und Abendmahl aufeinander und insofern ist die Taufe, welche die Zugehörigkeit zu Jesus Christus begründet, in der Regel die Voraussetzung für die Teilnahme am Abendmahl, in dem die Gemeinschaft mit Jesus Christus und die Jüngerschaft erneuert und bekräftigt werden. Auf diesen Zusammenhang, der elementar mit der Taufe und dem Leben aus der Taufe verknüpft ist, sind die aus der Kirche ausgetretenen Getauften anzusprechen. Er ist auch gegenüber den Vollzügen der sogenannten „freien Taufanbieter“ zur Geltung zu bringen.

31 Gr. Kat., UG 624.

32 „Deshalb soll niemand erschrecken, wenn er böse Lust und Liebe fühlt, und auch nicht verzagen, wenn er einmal fällt, sondern an seine Taufe denken und sich ihrer fröhlich trösten, dass Gott sich da verpflichtet hat, ihm seine Sünde zu töten und nicht zur Verdammnis anzurechnen [...].“ (StA II, 13,26–30 [=WA II, 731,29–32])

3.6 Theologische Gründe für die Kindertaufe: Ein dem Lebensvollzug vorgängiges Heilszeichen

Die lutherische Theologie betont den sakramentalen Charakter der Taufe als Gabe und sieht in ihm die Praxis der Kindertaufe begründet. Da die exegetische Basis für die Praxis der Kindertaufe (so ohne Weiteres) nicht gegeben ist, sondern im Neuen Testament, im Kontext der urgemeindlichen Missionstätigkeit, vielmehr weitgehend von der Gläubigentaufe ausgegangen wird – was die Praxis der Taufe von Kindern gleichwohl nicht aus-, sondern durchaus einschließt[33] –, ist die Kindertaufe theologisch – vom Sinngehalt der Taufe her – zu begründen: Sie ist ein diesem konkreten Individuum für seinen individuellen Lebensvollzug zugeeignetes, vorgängiges und unverbrüchliches, in der Christusverbundenheit begründetes Heilszeichen, von dem der einzelne Christenmensch herkommt, das er sozusagen im Rücken hat – so wie er das Christusgeschehen im Rücken hat[34] – und das über dem Ganzen seines Lebens bis zu dessen eschatologischer Vollendung steht.

Die Einmaligkeit und Unverbrüchlichkeit der Taufe am Anfang ist unmittelbar mit ihrer lebensumspannenden Bedeutung für das Ganze des christenmenschlichen Lebens verknüpft, „so dass ein christliches Leben nichts anderes ist

---

33 Siehe zur Frage der Kindertaufe im Neuen Testament die differenzierte Argumentation bei Heckel, 94 f., der die Taufe von Kindern als in der urgemeindlichen Taufpraxis inbegriffen versteht.

34 Die Einmaligkeit und Objektivität der Taufzusage in ihrer Bedeutung für den Glaubensvollzug kann Luther parallelisieren, ja begründen, von der Einmaligkeit des Heilsgeschehens in Persona Jesu Christi her: „Denn wie Christus, der Gnadenstuhl [...], nicht verschwindet oder uns verbietet, zu ihm zurückzukehren, auch wenn wir sündigen, so bleiben auch sein gesamter Schatz und seine Gabe.“ (Gr. Kat., UG 624)

als eine tägliche Taufe, einmal angefangen und immer fortgesetzt“[35].

3.7 *Die Taufe wird im Glauben existenzbestimmend wirksam*

So verstanden ist die Taufe nicht ein bloßer Anfangspunkt des Christenstandes, der zu einem bedeutungslosen, weil nicht mehr erinnerten, vergangenen Ereignis in der Biographie des Einzelnen herabsinkt[36] – und für den Getauften ›schon so lange her, dass es gar nicht mehr wahr ist‹. Vielmehr ist die Taufe so *Grund* und *Anfang* des christenmenschlichen Lebens, dass sie der *stete Bezugspunkt* ist und bleibt und sich im Leben des Getauften auswirkt, indem im christenmenschlichen Leben das in Vollzug kommt, was mit der Taufe definitiv zugesagt ist: die persönliche Aneignung der Taufzusage im Glauben das ganze Leben hindurch: „Darum hat jeder Christ sein Leben lang genug zu lernen und zu verwirklichen an der Taufe; denn er hat immerfort zu schaffen, um fest zu glauben, was sie zusagt und bringt.“[37]

Insofern gehört der Glaube unabdingbar zum Sakrament hinzu und es gilt: „Ohne Glauben ist es [i.e, das Sakrament] nichts nütze“[38]; denn im Glauben wird Gott beim Wort genommen, und der Glaube macht sich in Christus fest; so

35 A. a. O., 622.

36 Dass gerade der Objektivität der einmal – in der Vergangenheit – vollzogenen Taufe zentrale vergewissernde Bedeutung zukommt, wird unten eigens herausgestellt.

37 Gr. Kat., UG 617.

38 Gr. Kat., UG 616. Dieser Satz hebt das Verständnis des Sakraments als Sakrament und Gabe nicht auf, setzt es vielmehr voraus, bzw. lässt dem Glauben das Sakrament vorausgesetzt sein. Darin (!) ist die heilsame Wirkung des Sakraments, die im Glauben wirksam wird, begründet. Insofern heißt es:

kommt zur Wirkung, was die Taufe verheißt: dass sie existenzbestimmend und „zunutze" angeeignet wird.[39]

Die einmal vollzogene und unverbrüchlich gültige Taufe wird dem Getauften darin „zunutze", dass er sich auf die ihm in der Taufe sinnfällig und worthaft verbürgte Barmherzigkeit und Treue Gottes in seinem Leben verlässt und so die Taufgnade lebensbestimmend für sich werden lässt. In der Taufe und mit ihrer Aneignung im Glauben wird die eschatologische Existenz des Christenmenschen begründet und heraufgeführt. Ihm wird geistgewirkt vergegenwärtigt, was ihn bereits ausmacht: Er ist eine neue Kreatur. „So sind wir ja mit ihm begraben durch die Taufe in den Tod, damit, gleichwie Christus ist auferweckt von den Toten durch die Herrlichkeit des Vaters, also sollen auch wir in einem neuen Leben wandeln" (Röm 6,4). Insbesondere in Situationen der Verzweiflung, der Anfechtung und der Gewissenspein bildet die Unverbrüchlichkeit der Taufgnade als einmalige und definitive Zusage der Barmherzigkeit Gottes den gerade auch mit dem sinnlichen Zeichen in seiner Objektivität gegebenen unverrückbaren Bezugspunkt für den Christenmenschen.

> „Deshalb muss man sich ganz wohlgemut und frei an die Taufe halten und sie allen Sünde und allem Gewissenserschrecken entgegenhalten und demütig sagen: Ich weiß genau, dass ich überhaupt kein

---

„[M]ein Glaube macht nicht die Taufe, sondern er empfängt die Taufe." (A.a.O., 619)

39 Vgl. Martin Luther, De captivitate babylonica ecclesiae. Praeludium Martini Lutheri (1520), in: Martin Luther, Die Kirche und ihre Ämter. Lateinisch-Deutsche Studienausgabe Bd. 3 [im Folgenden StA III], hrsg. v. Günther Wartenberg/Michael Beyer, Leipzig 2009, 173–375 [=WA VI, 497–573], hier 269,37–39 [=WA VI, 533,13–15]: „[D]ie Sakramente werden nicht dadurch erfüllt, dass sie stattfinden, sondern dadurch, dass man an sie glaubt."

> reines Werk habe. Aber ich bin ja getauft, wodurch Gott, der nicht lügen kann, sich mir verpflichtet hat, mir meine Sünde nicht anzurechnen, sondern sie zu töten und zu vertilgen.“[40]

Das Leben eines Christenmenschen ist im Wesentlichen „Übung des Taufglaubens“[41].

3.8 Kindertaufe und Erwachsenentaufe

Auch wenn dies gute theologische Gründe für die Praxis der Kindertaufe sind, geht damit keineswegs einher, die Kindertaufe als die einzig mögliche Taufpraxis zu behaupten. Dies legt sich vom neutestamentlichen Befund ebenso wenig nahe wie von der Tatsache her, dass unter Missionsbedingungen – damals wie heute bereits vielerorts – die Erwachsenentaufe der Normalfall kirchlicher Taufpraxis ist. Indes auch im Fall der Erwachsenen- bzw. Gläubigentaufe bleiben die Grundmomente, die mit dem sakramentalen Charakter der Taufe verknüpft sind, für das Verständnis der Taufe bestimmend. So sollte hier sowohl im Taufgespräch als auch im Taufgottesdienst überzeugend vermittelt werden, dass auch der bereits zum Glauben Gekommene im Sakrament der Taufe eine Heilsgabe *empfängt*, die unverbrüchlich ist und Gewissheit

---

40 StA II, 15,18–24 [=WA II, 732,19–24]. Vgl. Gr. Kat, UG 618: „So muss man die Taufe ansehen und uns zunutze machen, dass wir uns daran stärken und damit trösten, wenn uns unsere Sünde und unser Gewissen belasten, und sagen: ‚Ich bin dennoch getauft; bin ich aber getauft, so ist mir zugesagt, dass ich selig sein soll und das ewige Leben haben an Seele und Körper‘.“

41 Gunther Wenz, Theologie der Bekenntnisschriften der evangelisch-lutherischen Kirche. Eine historische und systematische Einführung in das Konkordienbuch, Bd. I, De-Gruyter-Lehrbuch, Berlin 1996, 611; vgl. Gr. Kat., UG 617: „Darum hat ein jeder Christ sein Leben lang genug zu lernen und zu verwirklichen an der Taufe; denn er hat immerfort zu schaffen, um fest zu glauben, was sie zusagt und bringt.“

verbürgt, gerade auch dann, wenn der eigene Glaube zaghaft und schwach zu werden droht.[42]

Umgekehrt wiederum ist dort, wo die Praxis der Kindertaufe gehandhabt wird, die persönliche Aneignung der Taufe im Glauben zu betonen und dabei Eltern, Paten sowie der versammelten Gemeinde ihre Aufgabe zu verdeutlichen, selbst als „Werkzeuge Gottes" gebraucht zu werden, durch die Gott an dem Täufling zum Wachsen, zur Wahrung und Stärkung seines Glaubens handeln will. Der als Kind ebenso wie der als Erwachsener Getaufte ist insofern elementar auf den Lebens- und Überlieferungszusammenhang einer konkreten Gemeinde angewiesen. Sie stellt denjenigen Raum dar, in dem der geordnete Vollzug der Evangeliumsverkündigung und Sakramentsverwaltung geschieht, Fürbitte für einander statthat, einer dem anderen ein Christus wird und so das Glaubensleben des Einzelnen eingebettet ist in einen Lebens- und Überlieferungszusammenhang, der seinen Glauben anzubilden, zu fördern und zu stärken vermag. Soziologisch gesprochen: „[D]er Getaufte [braucht] eine ›Plausibilitätstruktur‹ (Peter L. Berger) in Gestalt einer kontinuierlichen Sozialform gemeinsamer Glaubenspraxis"[43], damit der

---

42 Es gehört zu den Grundüberzeugungen Luthers, dass auf den eigenen Glauben nicht gebaut werden kann; denn dieser ist schwankend, unterliegt einem Auf und Ab und gerät in die Anfechtung. Deshalb betont er den Charakter des Sakraments als einer vorgängigen Gabe; vgl. dazu oben, Anm. 32, und Gr. Kat., UG 620: „Denn auch ich selbst und alle, die sich taufen lassen, müssen vor Gott folgendermaßen sprechen: ›Ich komme her in meinem Glauben und auch in dem der anderen, dennoch kann ich nicht darauf bauen, dass ich glaube und viele Leute für mich bitten, sondern darauf baue ich, dass es dein Wort und Befehl ist‹, ebenso wie ich zum Abendmahl nicht auf meinen Glauben hin gehe, sondern auf Christi Wort hin."

43 So Herbst, 120.

Glaube angebildet, beheimatet, gefestigt und gelebt werden kann.

Wo die Kindertaufe in Praxis steht, ist daran zu gemahnen und im Zusammenhang der Gemeinde darauf hinzuwirken: Der sakramentale Charakter der Taufe schließt nicht aus, vielmehr konstitutiv ein, dass die Taufgabe im Glauben persönlich angeeignet wird. Denn so allererst kommt die Taufe im Leben des Einzelnen auch zur erfahrbaren Wirkmächtigkeit: dass geglaubt wird, was in der Taufe zugesagt und zugeeignet wurde, und das individuelle Leben aus der Gewissheit der Taufgnade gelebt wird. Die Taufe zielt auf den Glauben, ja sie verwirklicht sich allererst im Glauben. Insofern eine dem Auftrag Jesu Christi gemäß vollzogene Taufe das Heil zueignet und zusagt, ist sie objektiv gültig; und es gilt: Der Glaube macht nicht das Sakrament.[44] Insofern die Taufgnade *mir mein* Heil zueignet und zusagt, kommt sie erst im Glauben zu ihrem Ziel; und es gilt: „Ohne Glauben ist es [i.e. das Sakrament] nichts nütze."[45] Beides zusammen genommen macht den Grundsinn des Sakraments als Sakrament aus.[46]

Im spezifischen Sinngehalt der Taufe liegt es daher begründet, dass Taufe und Glauben grundlegend zusammengehören. „Ohne Glauben ist es [i. e. das Sakrament] nichts nütze"[47], wiewohl, ja gerade weil es als dem Leben des Christen vorgängiges Werk Gottes einmalig und unverbrüchlich ist. Indem aus der Taufgnade gelebt wird, kommt die Taufe im Glauben zur Wirkung und führt mit sich, worin das Heilsgut der Taufe besteht: dass der Getaufte versetzt ist in das

44 Vgl. Gr. Kat., UG 619: „[M]ein Glaube macht nicht die Taufe."

45 A. a. O., 616.

46 Vgl. dazu auch oben Anm. 38.

47 Gr. Kat., UG 616.

Reich Christi, Christus zu seinem Herrn und Heiland hat und so teilgewinnt an allem, was Christus hat, wie es der *Kleine Katechismus* bündig so aussagt: „Sie wirkt Vergebung der Sünden, erlöst vom Tode und Teufel und gibt die ewige Seligkeit allen, die es glauben, wie die Worte und Verheißungen Gottes lauten."[48]

3.9 Der Nutzen der Taufe: Sie macht selig

Freilich ist dies traditionelle theologische Sprache, deren existenzielle Bedeutung für den Lebensvollzug des Einzelnen jeweilen neu zu erschließen ist. Der bevorzugte Rahmen dafür sind das Taufgespräch, der Taufgottesdienst und die Tauferinnerungsfeiern. Aber auch der wöchentliche Sonntagsgottesdienst eröffnet die Möglichkeit, den Grundsinn der Taufe für das Leben des Christenmenschen zu entfalten. Sodann bieten sich besonders die katechetischen Angebote der Gemeinden, etwa die *Kurse zum Glauben*, an, aber auch ein seelsorgerliches Gespräch zwischen Christenmenschen kann im Horizont der Vergewisserung der Taufzusage geführt werden.

„Was gibt oder nützt die Taufe?", fragt Luther. Antwort: „Sie wirkt Vergebung der Sünden, erlöst vom Tode und Teufel und gibt die ewige Seligkeit allen, die es glauben, wie die Worte und Verheißungen Gottes lauten."[49] Luthers bündige Antwort kommt in traditioneller theologischer Sprache und mit mittelalterlichem Einschlag daher, sie umfasst indes nichts weniger als die elementaren existenziellen Nöte des menschlichen Lebens und verweist darauf, dass wir es nötig haben, dass uns Vergebung zuteil wird; dass wir es nötig haben, von den lebenswidrigen Mächten und Gewalten, die

---

48 Kleiner Katechismus, UG 477.

49 Ebd. (im Original teilweise kursiv).

nach uns greifen und sich als Teufel gerieren, befreit zu werden; dass wir es nötig haben, vom Alten an uns freigemacht und auf Neues hin ausgerichtet zu werden; dass wir es nötig haben, im Wissen um den eigenen Tod gleichwohl wahrhaft leben und dann auch selig sterben zu können.

Die Taufverheißung spricht in diese existenziellen Nöte der menschlichen Existenz hinein und vergewissert dem Getauften die auch für Gott selbst nicht aufhebbare Zusage seiner unverbrüchlichen Treue und die Zugehörigkeit zu Christus und seinem Heil. Wo diese Zusage greift – nämlich im Glauben – und der Glaubende Gott bei seinem Wort nimmt[50] und sich „in Christi Reich versetzt“ erfährt, da hebt – kontrafaktisch zu allem, was das Leben beschweren und verdunkeln mag, und zu allem, was den Menschen auf das Alte und Schuldhafte an ihm festlegt – das an, was die Taufe am Täufling wirken will: das Angeld der Seligkeit, Leben in der Kraft einer neuen Wirklichkeit, das dem Getauften aus seinem Sein in Christus erwächst:

> Denn „[s]elig werden [...] heißt, wie man wohl weiß, nichts anderes, als von Sünde, Tod und Teufel erlöst in Christi Herrschaft zu kommen und im Einklang mit ihm ewig zu leben. Da siehst du wieder, wie teuer und wert die Taufe zu schätzen ist, weil wir solch einen unaussprechlich wertvollen Schatz darin erlangen.“[51]

---

50 Vgl. Gr. Kat., UG 615: „Wenn ich das nun glaube, so glaube ich an Gott als an denjenigen, der sein Wort da hineingegeben und eingepflanzt hat und uns dieses äußerliche Ding vorsetzt, damit wir diesen Schatz überhaupt ergreifen können.“

51 Ebd.; vgl. ebd.: „dass dies die Kraft, die Wirkung, der Nutzen, die Frucht und der Zweck der Taufe ist, dass sie selig macht“; vgl. a. a. O., 617: „was sie zusagt und bringt: Überwindung des Teufels und des Todes, Vergebung der Sünde, Gottes Gnade, den ganzen Christus und den Heiligen Geist mit seinen Gaben“.

Insofern versetzt der Taufglauben den Getauften in eine eschatologische Existenz, indem er aus einer Wirklichkeit *extra se* – aus dem Sein in Christus, das ihm in der Taufe verbürgt ist – lebt, einer Wirklichkeit, die ihn zu einer „neuen Kreatur“ macht (2Kor 5, 17) und sein Leben auf Zukunft hin ausrichtet. „Keck und frei“[52], sagt Luther, ist der Geist, der aus dem Taufglauben entspringt, indem er dem Getauften dazu verhilft, die ihm in der Taufe verbürgte neue Wirklichkeit in Christus gegen seine alte Existenz zum Zuge zu bringen.

Von daher erschließt sich die Bedeutung der Taufe als das *Grundsakrament des christenmenschlichen Lebens*: Sie ist vorgängiges und unverbrüchliches Heilszeichen über dem Leben des Christenmenschen und ist der stete Bezugspunkt in Situationen der Not und Anfechtung. Sie begründet die Teilhabe an der eschatologischen Existenz. Sie eröffnet, wo sie im Glauben ergriffen wird, den Prozess der Überbildung des endlichen Lebens im Geiste der Christusförmigkeit und verheißt die eschatologische Vollendung des Lebens als dasjenige, worin die Taufverheißung des dreieinigen Gottes zu ihrem definitiven Ziel gelangt.

Die Besonderheit der Taufe gegenüber anderen kirchlichen Vollzügen, in denen Vergebung zugesprochen wird, wie durch die Predigt des Evangeliums und die Gabe des Abendmahls, besteht in ihrer Einmaligkeit und der Unverbrüchlichkeit des göttlichen Gnadenbundes, wie er durch das sinnliche Zeichen in seiner unaufhebbaren Objektivität ein für allemal gegeben und dem Getauften *in concreto* – ich taufe dich, ich rufe dich bei deinem Namen – vergewissert ist. Und dass der Mensch etwas haben muss, „darauf er stehen und

---

52 Taufsermon, WA II, 732.

fußen kann“[53], dies hebt Luther gerade im Blick auf das sinnliche Zeichen der Taufe und seine vergewissernde Bedeutung in besonderer Weise hervor:

> „So muss man die Taufe ansehen und uns zunutze machen, dass wir uns daran stärken und damit trösten, wenn uns unsere Sünde und unser Gewissen belasten, und sagen: ‚Ich bin dennoch getauft‘; bin ich aber getauft, so ist mir zugesagt, dass ich selig sein soll und das ewige Leben haben an Seele und Körper.“[54]

3.10 Der Anspruch der Taufe: ein Leben in der Christusgemeinschaft und im Geiste Jesu Christi führen

Die Taufe macht den Täufling zu einem Jünger Jesu und ruft ihn in die Nachfolge. Sie ist Zusage und zugleich Anspruch an den Getauften, insofern hat sie eine ethische Dimension. Der alte Adam, so sagt Luther, soll täglich „ersäuft“ und „ausgefegt“ und das Leben des Christenmenschen immer mehr zu einem christusförmigen werden.

> Denn „ein christliches Leben [ist] nichts anderes [...] als eine tägliche Taufe, einmal angefangen und immer fortgesetzt. Denn es muss ununterbrochen daran gearbeitet werden, dass man ausfegt, was zum alten Adam gehört, damit hervorkommt, was zum neuen gehört.“[55]

Mit der Taufe soll ein „Reframing“ des eigenen Lebens einhergehen, eine „Initiation in einen Lebensstil“, der durch die Nachfolge geprägt ist.[56]

> „Darum soll jeder die Taufe als sein alltägliches Gewand betrachten, in dem er auf Dauer umhergehen soll, damit er sich allezeit im Glauben und seinen Früchten antreffen lasse, um den alten Menschen

---

53 Gr. Kat., UG 615: „worauf er steht und gründet“; vgl. für den Wortlaut oben im Zitat BSLK, 696,34 f.

54 Gr. Kat., UG 618.

55 Gr. Kat., UG 622.

56 So in seinem Beitrag Herbst, 124, 128.

zurückzudrängen und den neuen wachsen zu lassen. Denn wenn wir wirklich Christen sein wollen, dann müssen wir dasjenige tun, dessentwegen wir Christen sind. Wenn aber jemand davon abfällt, so komme er wieder herbei."[57]

3.11 Die Taufe als Eingliederung in den Leib Christi

Die Taufe ist zudem und in einem auch das Sakrament, durch das „wir zuerst in die Christenheit aufgenommen werden"[58]. Die hier gemeinte Christenheit ist zunächst der Leib Christi an allen Orten und zu allen Zeiten, die „eine, heilige, christliche Kirche, die Gemeinschaft der Glaubenden", wie die Gemeinde es im Taufgottesdienst auch bekennt. Mit diesem Bezug zur universalen Kirche, welcher die Verheißung gegeben ist, dass sie nicht untergehen wird bis ans Ende der Welt, geht nun freilich zugleich der Bezug zur konkreten Gemeinde einher. Denn die Kirche Jesu Christi auf Erden hat sichtbare Zeichen, an denen sie erkennbar ist und konkrete Gestalt gewinnt. Der universalkirchliche Bezug und der Bezug zur konkreten Gemeinde sind darum zwar voneinander zu unterscheiden, aber keineswegs voneinander zu trennen. Diese ekklesialen Bezüge gehören ebenso zum theologischen Grundsinn der Taufe wie ihre auf den konkreten Einzelnen bezogene Dimension.

Mit der Taufe affirmiert der Getaufte (als Erwachsener bewusst, als Säugling und Kind stellvertretend durch Eltern und Paten) auch den auf die Gemeinschaft der Getauften und Glaubenden ausgerichteten Grundsinn der Taufe, und zwar nicht nur in universalkirchlicher, sondern gerade auch in gemeindlicher Perspektive.[59]

---

57 Gr. Kat., UG 624.

58 Gr. Kat., UG 611.

59 Vgl. auch Heckel 81 ff., 105.

Umgekehrt ist wiederum die konkrete Gemeinde in der Hinsicht durchaus handelndes Subjekt im Taufgeschehen (wenn auch nicht Subjekt der Taufe! – das ist Gott), dass sie durch Gebet und Fürbitte den Täufling im Gottesdienst vor Gott bringt und ihn zugleich in die konkrete Gemeinde aufnimmt. Damit übernimmt die Gemeinde die Aufgabe, für jenen Lebens- und Überlieferungszusammenhang des Evangeliums einzustehen und Sorge zu tragen, in dem der Glaube des Getauften angebildet, beheimatet, gefördert und gestärkt wird. Und sie steht insofern hinsichtlich der geübten Taufpraxis, ganz unabhängig davon, ob Säuglings-, Kinder- oder Erwachsenentaufe praktiziert wird, in der Verantwortung einer katechetischen Begleitung der Taufe, und zwar sowohl im Blick auf die Vorbereitung zur Taufe als auch hinsichtlich der lebenslangen Vergegenwärtigung der Taufe und ihrer Bedeutung für das christenmenschliche Leben.[60]

4. Summa

In summa: Die Taufe ist das Grundsakrament des christenmenschlichen Lebens. Ihr eignet eine zuhöchst individuali-

---

60 Dies mahnt Herbst in seinem Beitrag nachdrücklich als eine entscheidende Herausforderung für die Gemeinden an. Vgl. auch die Orientierungshilfe der EKD zur Taufe: „Die zentrale Herausforderung gegenwärtiger Taufpraxis ist also die bislang häufig fehlende und nur in einzelnen Gemeinden wirklich schon befriedigende katechetische, d. h. unterweisende Begleitung der Taufe, sowohl in der Vorbereitung als auch in der lebenslangen Vergegenwärtigung und Deutung der eigenen Taufe (also der Nachbereitung." (Kirchenamt der EKD [Hrsg.], Die Taufe. Eine Orientierungshilfe zu Verständnis und Praxis der Taufe in der evangelischen Kirche. Vorgelegt vom Rat der EKD, Gütersloh [2]2008, 16.

sierende Dimension, indem der je eigene Name des Täuflings mit dem Namen des dreieinigen Gottes zusammengesprochen wird, dem Täufling die Heilsgabe der Christusgemeinschaft zugeeignet und zugesprochen wird, er in die Jüngerschaft und Nachfolge, mithin dazu berufen wird, dass er die Christusverbundenheit in seinem individuellen Leben konkrete Gestalt gewinnen lässt.

Die Taufe ist das Grundsakrament des christenmenschlichen Lebens, indem sie *vorgängiges* Heilszeichen, *steter Bezugspunkt* und Grund der eschatologischen Existenz wie das vorweggenommene *Ziel der Vollendung* des Lebens des je Einzelnen ist und ihr so lebensumspannende Bedeutung für das Ganze des christenmenschlichen Lebens bis zu seiner Vollendung zukommt.

Die Taufe hat eine zuhöchst individualisierende Dimension, insofern sie im persönlichen Glauben zu ihrer Aneignung kommt und im Glaubensleben des Einzelnen, das eine Einübung des Taufglaubens im je konkreten Leben sein soll, gelebt werden will.

Die Taufe hat eine zuhöchst sozialisierende Dimension, indem sie den Einzelnen in die Gemeinschaft der Getauften und Glaubenden integriert und ihn für die Anbildung, Pflege und Stärkung seines Glaubenslebens auf den konkreten Überlieferungs- und Lebenszusammenhang der christlichen Gemeinde hin ausrichtet.

Der Täufling empfängt die Taufe als dieser bei seinem Namen Gerufene und er empfängt die Taufe in der konkreten Gemeinde. Darin findet das seinen liturgischen Ausdruck, was zum Grundsinn der Taufe gehört: dass sie zugleich elementar individualisiert und sozialisiert.

Ulrich Heckel

Die Taufe im Neuen Testament

Das griechische Wort für die Taufe[1] ist „baptismós“ bzw. „báptisma“. Es ist eine Ableitung von „báptein“ (eintauchen, untertauchen), dessen intensivierte Verbform „baptízein“ im Neuen Testament stets im kultischen Sinne als Fachterminus für die Taufe gebraucht wird. Aus diesem Verb ist – durch das gotische „daupjan“ vermittelt – das deutsche Wort „taufen“ entstanden. Nach evangelischem Verständnis ist die Taufe ein Sakrament.

1. Die Taufe als Sakrament

Taufe und Herrenmahl werden seit Tertullian (ca. 150–220 n. Chr.) unter dem Oberbegriff „Sakrament“ zusammengefasst (Tert. Marc. 4,34). Dieser lateinische Terminus stammt

1 Vgl. zum Ganzen den Exkurs zur Taufe bei PETR POKORNÝ/ULRICH HECKEL, Einleitung in das Neue Testament. Seine Literatur und Theologie im Überblick, UTB 2798, Tübingen 2007, 137–152; die Überblicke bei GERHARD BARTH, Die Taufe in frühchristlicher Zeit, Neukirchen-Vluyn [2]2002; MARKUS ÖHLER (Hrsg.), Taufe, TdT 5/UTB 3661, Tübingen 2012; CHRISTIAN GRETHLEIN, Taufpraxis in Geschichte, Gegenwart und Zukunft, Leipzig 2014, 18–25; sowie umfassend DAVID HELLHOLM u. a. (Hrsg.), Ablution, Initiation, and Baptism. Late Antiquity, Early Judaism, and Early Chris-

nicht aus dem Neuen Testament, sondern wurde von Tertullian aus der römischen Militärsprache übernommen und meint dort den Fahneneid eines Soldaten. Der Ausdruck wurde im kirchlichen Sprachgebrauch zunächst in einem weiteren Sinn als Übersetzung für das griechische Wort „mystērion“ (Geheimnis) gebraucht, in der abendländischen Theologie aber seit Augustin (354-430 n. Chr.) immer enger mit Taufe und Eucharistie verbunden. Seither gilt der Terminus „Sakrament“ als Bezeichnung für gottesdienstliche Handlungen, die an dem von Christus gestifteten Heil als einer neuen Wirklichkeit Anteil geben. In 1Kor 10,1-4 wurden Taufe und Abendmahl erstmals gemeinsam erwähnt; in einer Typologie (V. 6: *týpos*; V. 11: *typikṓs*) werden sie den Exoduserfahrungen Israels beim Durchzug durch das Schilfmeer und bei der Mannaspeisung[2] als geistliche, d. h. durch Gottes Geist vermittelte Gabe gegenüberstellt. Auch in Joh 19,34 enthalten Wasser und Blut, die aus der Seite Jesu am Kreuz fließen, eine Anspielung auf Taufe und Eucharistie.

Die Taufe ist ein einmaliger Übereignungsakt, mit dem die Christen in die heilvolle Gemeinschaft mit Christus aufgenommen werden.[3] Dagegen ist das Herrenmahl die regel-

---

tianity, Vol. I–III, BZNW 176,1–3, Berlin u. a. 2011; aus der neueren Literatur grundlegend ist die Monographie von FRIEDRICH AVEMARIE, Die Tauferzählungen der Apostelgeschichte. Theologie und Geschichte, WUNT 139, Tübingen 2002; DERS., Art. Taufe II, RGG[4] 8, 2005, 52–59; sowie OTFRIED HOFIUS, Glaube und Taufe nach dem Zeugnis des Neuen Testaments, in: DERS., Neutestamentliche Studien, WUNT 132, Tübingen 2000, 253–275.

2 Vgl. die Anspielungen auf das Manna und die Eucharistie in Joh 6,31-35.38.41.48–51.53–58.

3 In der heutigen volkskirchlichen Kasualpraxis ist diese ekklesiologische Bedeutung des Initiationsritus allerdings vielfach durch ein primär biographisches Verständnis als erster Passageritus zu Beginn des Lebens überlagert; vgl. ULRICH HECKEL, Kasualien als Segenshandlungen. Eine theo-

mäßig wiederholte Feier der ganzen Gemeinde, die der Aktualisierung dieser Gemeinschaft mit Christus und der Gemeinschaft untereinander dient (1Kor 10,16 f.).

Religionsgeschichtlich weist die Entstehung dieser neuen Riten auf einen Prozess der Verselbstständigung der frühen Christenheit gegenüber ihren jüdischen Wurzeln hin. Die Verbreitung dieser beiden Sakramente ist ein untrügliches Zeichen für die Neukonstitution der christlichen Gemeinden als eigenständige Religionsgemeinschaft, zu deren innerer Identitätsbildung (als „identity marker") und äußerer Abgrenzung (als „boundary marker") sie durch den rituellen Vollzug wesentlich beitrugen.[4] Wer Taufe und Abendmahl empfängt, hat teil an der Gemeinschaft. Und umgekehrt: Wer nicht teilnimmt, gehört auch nicht dazu.

2. Kirchengeschichtliche Entwicklungen

Die Praxis der Taufe war im Lauf der Kirchengeschichte erheblichen Wandlungen unterworfen. Jede Zeit hat ihre Spuren hinterlassen, die bis heute nachwirken.

In den christlichen Gemeinden muss die Taufe schon erstaunlich früh mit großer Selbstverständlichkeit praktiziert worden sein. Dies belegen die Tauferzählungen der Apostelgeschichte – nicht zuletzt von der Taufe des Paulus. Jesus wurde im Jahr 30 n. Chr. gekreuzigt. Und was ist das Erste, was Paulus, dem Christenverfolger, Anfang der 30er Jahre

logische Grundlegung der kirchlichen Passageriten, in: US 58 (2003), 188–204.319.

4 Vgl. WAYNE A. MEEKS, Urchristentum und Stadtkultur. Die soziale Welt der paulinischen Gemeinden, Gütersloh 1993, 187–191.307–329.

nach seinem Bekehrungserlebnis vor Damaskus widerfährt? Hananias sucht ihn auf, und Paulus lässt sich taufen (Apg 9,17 f.; 22,16). Dementsprechend schreibt der Apostel in 1Kor 12,13: „Wir alle sind getauft". Von diesem Sachverhalt geht auch die rhetorische Frage in Röm 6,3 aus in einem Brief an eine Gemeinde, die nicht von Paulus gegründet wurde und die ihm persönlich noch nicht bekannt ist: „Oder wisst ihr nicht, dass wir alle, die wir auf Christus Jesus getauft wurden, auf seinen Tod getauft wurden?"

In der Alten Kirche wurden die Taufbewerber im dreijährigen Katechumenenunterricht in den Grundzügen der Bibel, der christlichen Lehre und der praktischen Lebensführung unterwiesen, bevor sie in der Osternacht in einem feierlichen Gottesdienst getauft wurden. Das Taufalter konnte sehr unterschiedlich sein. Kaiser Konstantin ließ sich erst auf dem Totenbett taufen (337 n. Chr.), um am Ende seines Lebens ohne Sünden vor den Richterstuhl Christi zu treten.

Einen tiefen Einschnitt bedeutete Augustins Erbsündenlehre. Augustin (354–430 n. Chr.) lehrte im Anschluss an Ps 51 und Röm 5,12, dass der Mensch schon in Sünden empfangen wird, von Geburt an ein Sünder ist und der Vergebung bedarf. Seither wurden Neugeborene bereits in ihren ersten Lebenstagen getauft. Im Taufgottesdienst wurde nun die Geschichte von der Segnung der Kinder durch Jesus als Schriftlesung verwendet (Mk 10,13–16).

Eine weitere Veränderung brachte die Taufe des Frankenkönigs Chlodwig im Jahr 498, weil er zugleich sein ganzes Volk taufen ließ. Mit solchen Massentaufen entfiel der Katechumenenunterricht zur Einführung in den christlichen Glauben. Dafür sollten Paten die christliche Erziehung begleiten. Nicht selten wurden Kinder auf den Namen des Heiligen getauft, der am Tauftag seinen Namenstag hatte, so

z. B. Luther an Martini, dem Martinstag, nach dem Heiligen Martin.

Die Reformatoren setzten in ihrer Tauftheologie unterschiedliche Akzente: Martin Luther hatte durch die Lektüre des Römerbriefs das Evangelium von der Gnade Gottes in Jesus Christus neu entdeckt. Daher verstand er die Taufe im Kontext der Rechtfertigungslehre als sichtbares Zeichen der göttlichen Gnade. Dementsprechend formuliert sein Schüler Johannes Brenz, der Reformator Württembergs, in seinem Katechismus (EG Württ. 834):

> „Die Taufe ist ein Sakrament und göttlich Wortzeichen,
> womit Gott, der Vater, durch Jesus Christus, seinen Sohn,
> samt dem Heiligen Geist bezeugt,
> dass er dem Getauften ein gnädiger Gott wolle sein
> und verzeihe ihm alle Sünden aus lauter Gnade von wegen Jesu Christi
> und nehme ihn auf an Kindes statt
> und zum Erben aller himmlischen Güter."

Ulrich Zwingli hingegen verstand die Taufe als äußeres Verpflichtungszeichen für die Zugehörigkeit zur Gemeinde Jesu Christi und betonte den menschlichen Bekenntnisakt.

Im 18. Jahrhundert kam in den höheren Ständen die Sitte auf, die Kinder zuhause in der Familie taufen zu lassen. Damit ergab sich auch eine Veränderung im Verständnis der Taufe als Passageritus. Aus dem Aufnahmeritual in die Gemeinde wurde ein Initiationsritus in die Großfamilie.

Im 20. Jahrhundert kritisierte Karl Barth die volkskirchliche Praxis der Kindertaufe, da er den Glauben als notwendige Voraussetzung für den Empfang der Taufe forderte und – in der Tradition Zwinglis – ein verbindliches Bekenntnis verlangte, das kleine Kinder noch nicht abzulegen in der Lage sind.

Seit der zweiten Hälfte des 20. Jahrhunderts wurde die Taufe zu einem Thema der Ökumene. Bisheriger Höhepunkt war die *Magdeburger Erklärung* vom 29. April 2007, in der evangelische, katholische und orthodoxe Kirchen sowie einige Freikirchen in Deutschland – allerdings ohne Mennoniten, Baptisten u. a. – eine förmliche Erklärung über die wechselseitige Anerkennung der gültig vollzogenen Taufe unterzeichneten, so dass die Taufe bei einem Kirchenübertritt nicht mehr wiederholt werden muss. Dies bedeutet zum einen die strikte Ablehnung jeglicher Wiedertaufe beim Übertritt, zum anderen positiv die Anerkennung von Angehörigen einer anderen Konfession als Christen im vollen Sinne. Was diese Anerkennung für das ökumenische Miteinander der Kirchen tatsächlich bedeutet, wird noch konkreter zu diskutieren sein. In der *Magdeburger Erklärung* heißt es:

> „Als ein Zeichen der Einheit aller Christen verbindet die Taufe mit Jesus Christus, dem Fundament dieser Einheit. Trotz Unterschieden im Verständnis von Kirche besteht zwischen uns ein Grundeinverständnis über die Taufe. [...] Diese wechselseitige Anerkennung der Taufe ist Ausdruck des in Jesus Christus gründenden Bandes der Einheit (Epheser 4,4–6). Die so vollzogene Taufe ist einmalig und unwiederholbar."[5]

3. Die christliche Taufe und ihre Vorgeschichte

Kultische Waschungen oder Reinigungsriten gibt es in vielen Religionen, auch im Alten Testament und im Judentum zur

---

5 Vereinbarung der Kirchen vom 29.4.2007 („Magdeburger Erklärung"), online zugänglich unter: http://www.ekd.de/presse/pm86_2007_wechselseitige_taufanerkennung.html.

Zeit Jesu (z. B. in Qumran). Der religionsgeschichtliche Ursprung der christlichen Taufe liegt in der Taufe des Johannes.

3.1 Johannes der Täufer

Johannes ist der letzte Prophet, der in eine Reihe mit den Propheten des Alten Testaments gehört. Typisch für Propheten sind Zeichenhandlungen, z. B. bei Jesaja der Name des Sohnes „Raubebald-Eilebeute" für die Eroberung durch die Assyrer (Jes 8,1), bei Jeremia das Joch als Zeichen für die Herrschaft der Babylonier (Jer 27,1–12). Johannes „predigte die Taufe der Buße zur Vergebung der Sünden", für die fünf Punkte charakteristisch sind (Mk 1,4 f.8):

- das Eintauchen im Jordan (Mk 1,5.9 f.),
- statt einer Selbstwaschung die Spendung durch eine andere Person (daher bei Johannes der Beiname „der Täufer"),
- die Buße bzw. Umkehr zu Gott, die ein Bekennen der Sünden voraussetzt (Mk 1,5; Mt 3,6) und Früchte verlangt, die der Umkehr würdig sind (Lk 3,8; vgl. 3,7–14; Mt 3,7–10),
- die Vergebung der Sünden (durch Gott im Endgericht) (Mk 1,4; Lk 3,3),[6]
- die Einmaligkeit angesichts des bevorstehenden (Zorn-)Gerichts Gottes (statt regelmäßiger Wiederholung wie bei anderen Waschungen; Lk 3,7–9.17 par. Mt 3,7–10.12).

Damit verkündigt Johannes die Taufe als eine prophetische Zeichenhandlung angesichts des unmittelbar bevorstehen-

---

[6] Matthäus lässt die Formel „zur Vergebung der Sünden" (Mk 1,4) bei der Johannestaufe weg (Mt 3,2) und ergänzt sie in den Abendmahlsworten, um die Heilsbedeutung des Todes Jesu zu beschreiben (Mt 26,28).

den Jüngsten Gerichts. Sie steht in der Tradition des Bußrufs alttestamentlicher Propheten und wendet sich an ganz Israel. Sie ist ein Ritual der Buße, der Umkehr zu Gott und der ethischen Neuausrichtung des Lebens. Sie zielt auf die Vergebung im Gericht Gottes. Die Einmaligkeit wird zwar nicht ausdrücklich erwähnt, ergibt sich aber aus der Endzeiterwartung. Soll die Taufe vor der kommenden Verdammnis erretten, dann muss die Sündenvergebung im Endgericht durch Gott erfolgen, in der Taufe aber schon wirksam zugesichert sein – das ist der Sinn der prophetischen Zeichenhandlung. Bereits Johannes weist darauf hin, dass er nur mit Wasser tauft, nach ihm aber ein Stärkerer kommen wird, der mit dem heiligen Geist taufen wird (Mk 1,7 f.; vgl. Apg 1,5; 11,16; 19,1–7).

3.2 Die Taufe Jesu

Die Taufe Jesu (Mk 1,9–11 par.) wird in allen vier Evangelien berichtet. Die Erzählung ist eine Taufätiologie, d. h. sie wird zum Urbild und Vorbild für die christliche Taufe. Drei Aspekte werden wesentlich für das christliche Taufverständnis:

- der Wasserritus (vgl. das Hinab- bzw. Heraufsteigen in Mk 1,10; Apg 8,38 f.),
- die Geistmitteilung (vgl. die Taube),
- die Gotteskindschaft (vgl. die Himmelsstimme: „Du bist mein geliebter Sohn").

3.3 Die christliche Taufe

Die Taufe Jesu wurde prägend als Modell für die christliche Taufpraxis. Dabei verraten die unterschiedlichen Texte zur Taufe im Neuen Testament, dass deren Vollzug und Verständnis zunächst noch situationsbedingt vielfältig waren und eine feste Taufliturgie sich erst in späterer Zeit entwikkelte. Dennoch ist gut erkennbar, dass im Wesentlichen fünf

Merkmale von der Johannestaufe übernommen wurden. Wie bei Johannes geschieht die christliche Taufe

- mit Wasser (wie beim Kämmerer aus Äthiopien Apg 8,36 ff. oder Kornelius 10,47),[7]
- durch einen Täufer statt als Selbstwaschung (so Paulus durch Hananias Apg 9,17f., der Äthiopier durch Philippus Apg 8,26 ff., Kornelius durch Petrus Apg 10,48 sowie Krispus, Gajus und das Haus des Stephanas durch Paulus Apg 18,8; 1Kor 1,14.16),
- als einmaliger Akt angesichts der Botschaft Jesu vom Reich Gottes (Mk 1,15),
- als Ritual der Buße bzw. Umkehr (Apg 2,38),
- zur Vergebung der Sünden (Apg 2,38; 22,16).[8]

Der ganze Taufakt wird durch den Gedanken des „extra nos" (außerhalb von uns) bestimmt, der auf Gottes rettendes Handeln verweist. Der Täufling tauft sich nicht selbst, sondern wird von einem anderen getauft, doch – anders als bei Johannes dem Täufer – erscheint die Person des Täufers unwesentlich (Joh 4,2; Apg 10,48; 1Kor 1,16 f.). Der Täufling bleibt passiv, ist der Empfangende. Neu sind bei der christlichen Taufe folgende fünf Aspekte:

- Sie wird vollzogen „auf Christus" (Röm 6,3; Gal 3,27), genauer gesagt auf seinen Namen,[9] d. h. unter Anrufung seines Namens (Apg 22,16), wodurch der Bezug zu Christus und seinem Heil hergestellt und die christliche Taufe von der Taufe des Johannes unterschieden wird.
- Sie gilt als endzeitliche Zeichenhandlung zum Anbruch

---

7 Vgl. die Anspielungen in 1Kor 6,11; Eph 5,26; Tit 3,5 f.; Hebr 20,22.

8 Vgl. Apg 22,16 mit den Anspielungen in 1Kor 6,11; Eph 5,26; Tit 3,5; Hebr 20,22; 2Petr 1,9.

9 Vgl. Apg 8,16; 19,5; vgl. auch 1Kor 1,13.15.

der Gottesherrschaft (statt des Jüngsten Gerichts; vgl. Mk 1,14 f.).
- Sie vermittelt wie bei Jesus die Gabe des heiligen Geistes[10], ohne die Geistmitteilung jedoch ausschließlich an die Taufe zu binden.
- Sie bewirkt analog zur Taufe Jesu die Gotteskindschaft (Gal 3,26 f.; 4,5 f.; vgl. den Abbaruf Röm 8,15–17 und das Vaterunser Mt 6,9).
- Sie hat einen initiatorischen Charakter zur Aufnahme in die Gemeinschaft der Gläubigen bzw. Getauften (1Kor 12,12 f.; Gal 3,27 f.; Apg 2,41 u. ö.).

Die bemerkenswert rasche Ausbreitung der Taufpraxis entspricht dem Taufbefehl des Auferstandenen aus Mt 28,16–20. Bereits hier ist die Taufformel „auf Christus" trinitarisch erweitert „auf den Namen des Vaters und des Sohnes und des heiligen Geistes". Schon gegen Ende des ersten Jahrhunderts finden wir dieselbe Aufforderung in Didache 7,1–3, der ältesten christlichen Gemeindeordnung, die vermutlich zur gleichen Zeit wie das Matthäusevangelium ebenfalls in Syrien entstanden ist.[11] Nach dem Hinweis auf den vorbereitenden Taufunterricht anhand der Zwei-Wege-Lehre in Kapitel 1–6 heißt es in Didache 7,1–3:

> „Tauft auf den Namen des Vaters und des Sohnes und des heiligen Geistes mit lebendigem [d. h. fließendem] Wasser.
> Wenn du aber kein lebendiges Wasser hast, taufe mit anderem Wasser [d. h. stehendem, z. B. aus einer Zisterne oder einem Teich].
> Wenn du aber nicht mit kaltem [d. h. frischem] [taufen] kannst, mit warmem.

---

10 Vgl. 1Kor 6,11; 12,13; Gal 3,26 f.; 4,5 f. sowie Apg 1,5; 2,38; 8,15–17; [9,17 f.]; 10,44–48; 19,2–6 und Joh 3,5; Tit 3,5. Auf die Gabe des Geistes spielt auch das Motiv der Versiegelung an (2Kor 1,21 f.; Eph 1,13; 4,30).

11 POKORNÝ/HECKEL, Einleitung, 478 f.

> Wenn du aber beides nicht hast, gieße auf den Kopf dreimal Wasser auf den Namen des Vaters und des Sohnes und des heiligen Geistes."

Diese erste Gemeindeordnung geht von der Taufe durch Eintauchen in ein fließendes Gewässer (Quellen, Bäche oder Flüsse) als Regelfall aus (Immersionstaufe), nennt aber bereits in neutestamentlicher Zeit auch schon andere Möglichkeiten, z. B. durch das dreimalige Übergießen des Kopfes mit Wasser (Infusionstaufe). Ausgangspunkt ist offensichtlich die Frage, wie die Taufe vollzogen werden soll, wenn kein natürliches Wasser zur Verfügung steht. Verhandelt wird allein das Problem des praktischen Vollzugs, ohne dass aus den unterschiedlichen Formen weitere Konsequenzen für die theologische Sinndeutung gefolgert würden. Wichtig scheint nur zu sein, dass überhaupt Wasser verwendet wird.

Noch einen zweiten Sachverhalt müssen wir uns für das Verständnis der Taufe vergegenwärtigen: Wie bei Paulus wird es sich auch sonst in aller Regel um die Bekehrungstaufe von Erwachsenen gehandelt haben. Im Neuen Testament ist durchgehend die Situation der ersten Generation vorausgesetzt, in der es zunächst gar nichts anderes als eine Bekehrungstaufe geben konnte – wie bei der Taufe des Paulus und den Taufgeschichten der Apostelgeschichte. In einer christlich geprägten Tradition ist eine solche Bekehrungstaufe heute eher die Ausnahme. Die hermeneutische Herausforderung besteht nun darin, dass wir das historische Faktum nicht zur theologischen Norm erklären, die historisch einmalige Missionssituation der ersten Generation nicht zum dogmatischen Maßstab machen, sondern zunächst nach dem Sinn, der Theologie und dem Wahrheitsanspruch der christlichen Taufe zu fragen haben und dann erst Folgerungen für die heutige kirchliche Taufpraxis ziehen können.

Grundlegend für das Verständnis und die Praxis der christlichen Taufe sind vor allem die Ausführungen des Apostels Paulus in Röm 6,3–4 und der Taufbefehl in Mt 28,16–20, die darum ausführlicher behandelt werden. Doch zuvor soll ein Überblick über die wichtigsten Texte zur Taufe im Neuen Testament gegeben werden.

4. Die Texte zur Taufe

4.1 Die Heilsverheißung in Mk 16,16

Das Markusevangelium ist das älteste Evangelium. Es enthält keinen Taufbefehl, dafür sagt der Auferstandene in Mk 16,15–16 im sekundären Markusschluss, der in den Handschriften des Neuen Testaments erst in der Mitte des 2. Jahrhunderts bezeugt ist:

> „15 Geht in die ganze Welt und predigt das Evangelium
> jedem Geschöpf.
> 16 Wer da glaubt und getauft wird, der wird selig werden;
> wer aber nicht glaubt, der wird verdammt werden."

Der Auferstandene eröffnet seine Worte an die Jünger mit dem Auftrag zur Evangeliumsverkündigung. Die Reaktion auf die Botschaft des Evangeliums besteht im Glauben oder im Unglauben. Der Glaube schließt die Bereitschaft zum Empfang der Taufe ein. Die gläubig empfangene Taufe wirkt die Rettung im Endgericht.[12] Daraus wurden in der Kirchengeschichte vor allem zwei Folgerungen gezogen:

---

[12] Vgl. Joachim Gnilka, Das Evangelium nach Markus (EKK II/2), Zürich u. a. [6]2008, 355 f.

- dass die Taufe heilsnotwendig ist (vgl. Augsburger Bekenntnis Artikel 9: „Von der Taufe wird gelehrt, dass sie [Anm. d. V.: heils]notwendig sei und dass dadurch Gnade angeboten wird. (Es wird gelehrt), dass auch die Kinder getauft werden sollen, die durch diese Taufe Gott übereignet und ihm wohlgefällig [d. h. in die Gnade Gottes aufgenommen, Anm. d. V.] werden. Deshalb werden die Wiedertäufer verworfen, die lehren, dass die Kindertaufe nicht recht sei."[13])
- dass der Reihenfolge nach zuerst der Glaube da sein muss und dann die Taufe erfolgen kann (wie in der Alten Kirche erst der Katechumenenunterricht stattfand und dann die Taufe als Abschluss gefeiert wurde).

Dabei ist in Mk 16,16 zutreffend beobachtet, dass im Vordersatz die Voraussetzungen für das Seligwerden genannt werden, wie es ebenso in Joh 3,3.5 zum Ausdruck kommt: „Wenn jemand nicht aus Wasser und Geist geboren wird, kann er nicht in das Reich Gottes eingehen." Nun steht in Mk 16,16 aber nicht: „wer zum Glauben gekommen ist, kann getauft werden", sondern beide Verben sind als Partizipien parallel formuliert: *Ho pisteúsas kaí baptistheís sothēsetai*, d. h. wörtlich übersetzt: „Wer zum Glauben gekommen und getauft worden ist, wird gerettet werden." Damit wird in Mk 16,16 die Taufe gerade nicht vom Glauben abhängig gemacht, sondern Glaube und Taufe bilden gemeinsam die Voraussetzung für das Erlangen des Heils. Beide stehen durch „und" verbunden in einem zeitlichen Zusammenhang, ohne dass ein Be-

13 Augsburger Bekenntnis Art. IX, zitiert nach: Amt der VELKD (Hrsg.), Unser Glaube. Die Bekenntnisschriften der evangelisch-lutherischen Kirche. Ausgabe für die Gemeinde, 6., völlig neu bearbeitete Auflage, Gütersloh 2013 [im Folgenden abgekürzt als UG], 51.

dingungsverhältnis hergestellt würde: „Wer zum Glauben kommt, lässt sich taufen.“[14] So war es beim Kämmerer aus Äthiopien (Apg 8,34–38), Paulus (Apg 9,1–19), dem Gefängnisaufseher in Philippi (Apg 16,31–34) und dem Hauptmann Kornelius (Apg 10,42–48; 11,15–8), aber auch nach der Pfingstpredigt und dem Taufappell des Petrus (Apg 2,14 ff.41), bei Simon Magus (Apg 8,12 f.), Lydia (Apg 16,14 f.) und dem Synagogenvorsteher Krispus (Apg 18,8). Daher kann man sagen: „Wer zum Glauben gekommen ist, hat die Taufe empfangen.“[15] Glaube und Taufe, äußeres und inneres Geschehen, Wasserritus und Geistwirken gehören hier ebenso zusammen wie in Joh 3,3–5; Apg 2,38; Röm 6,3–4; 1Kor 12,13; Tit 3,5. Zugleich zeigt der nachfolgende Umkehrschluss: „Wer aber nicht zum Glauben gekommen ist, der wird verdammt werden“, dass Mk 16,16 ebenso auf den Glauben zielt wie die Predigt Jesu in Mk 1,15: „Kehrt um und glaubt an das Evangelium.“

Der Begriff der Heilsnotwendigkeit wurde im Augsburger Bekenntnis (Art. 9) gegen die Wiedertäufer eingeführt, die niemanden ohne einen bewussten Glauben taufen wollten und deshalb die Kindertaufe ablehnten. Aber die Rede von der Heilsnotwendigkeit ist problematisch, um nicht zu sagen irreführend. Natürlich ist die Taufe dem theologischen Verständnis nach zum Heil gegeben. Aber der Begriff der Heilsnotwendigkeit führt dazu, dass der appellative Charakter dieser verallgemeinernden Formulierung auf eine andere Sprachebene verlagert wird. Das Problem besteht in einer Tendenz zur Verrechtlichung, die kasuistisch fragt, welche

---

14 Hofius, Glaube, 255 (im Anschluss an Walter Schmithals).

15 Johann A. Bengel, Gnomon Novi Testamenti, [3]1773, Stuttgart 1866, 202 zu Mk 16,16: „Quisquis credidit, baptismum suscepit.“

formalen Bedingungen erfüllt sein müssen, um das Heil zu erlangen. Verhängnisvoll erscheint daran, dass die Aufmerksamkeit von der Schlussfolgerung abgezogen und auf die Voraussetzungen gelenkt wird, d. h. weg von der Verheißung des Heils und hin zu den Bedingungen, die erbracht sein müssen, um selig werden zu können. Im Taufgespräch hat diese Akzentverschiebung zur Folge, dass es vor allem um die Erfüllung kirchenrechtlicher Vorgaben geht, statt danach zu fragen, was dem Heil des Kindes dient und dazu beiträgt, dass es einen eigenen Zugang zum Glauben an Jesus Christus und der guten Botschaft vom Reich Gottes findet. Diese Bedeutungsverlagerung ist fatal, weil sie nicht nur dem Appell an den Glauben in Mk 16,16 widerspricht, sondern auch dem Taufbefehl in Mt 28,19 f. mit seiner Aufforderung, hinzugehen, zu taufen und zu lehren.

Aufs Ganze gesehen geht es bei dem antithetischen Parallelismus in Mk 16,16 nicht um die Frage der zeitlichen Reihenfolge von Glaube und Taufe, sondern in einer pointierten Ausdrucksweise um den Gegensatz zwischen Glaube und Unglaube, Heil und Gericht. Der Glaube wird nicht zur Bedingung für die Taufe erklärt, sondern Glaube und Taufe sind beide Mittel zum Heil, wobei durch den nachfolgenden Umkehrschluss der Ruf zum Glauben mit besonderem Nachdruck versehen wird. Führt die Taufe zur Rettung, muss ihr Vollzug wirksam sein. Doch hat ihr Fehlen – anders als der Unglaube – nicht die Verdammnis zur Folge. Ein Bekenntnisakt wird nicht gefordert, scheint vielmehr im Taufbegehren implizit zum Ausdruck zu kommen. Entscheidend bleibt die Perspektive des Heils für den Glauben. Dem Täufling wird die Seligkeit verheißen, aber das Heil wird nicht an die Taufe gebunden, sondern wie zu Beginn der Verkündigung Jesu an den Glauben an das Evangelium (Mk 1,15).

4.2 Apostelgeschichte

Lukas spricht häufiger als jeder andere neutestamentliche Autor von der Taufe, doch auch er erwähnt keinen Taufbefehl Jesu, dafür aber einen Taufappell des Petrus, der vier Elemente enthält, die für die Tauflehre des Lukas typisch sind (Apg 2,38). Nach seiner Pfingstpredigt fragt die Menge: „Was sollen wir tun?" Antwortet Petrus:

> „Tut Buße und
> jeder von euch lasse sich taufen im Namen Jesu Christi
> zur Vergebung eurer Sünden und
> ihr werdet die Gabe des heiligen Geistes empfangen."

Die Taufe ist mit dem Namen Jesu verbunden, hat die Bekehrung durch das Zum-Glauben-Kommen, Hören und Annehmen der Christusbotschaft zur Voraussetzung, die Sündenvergebung zum Zweck und den Empfang des heiligen Geistes zur Folge.[16]

Die erste Aufforderung knüpft an den prophetischen Ruf zur Buße bei Johannes dem Täufer an, doch aus diesem innerjüdischen Akt der Umkehr zu Gott ist im Taufappell des Petrus ein Akt der Hinwendung und Bekehrung zu Christus geworden, ein Parallelausdruck für das Zum-Glauben-Kommen.[17] Dass die Getauften im Glauben bleiben, bedarf der steten Ermahnung (Apg 14,22; vgl. 11,23; 13,43) und Stärkung ihrer Seelen (Apg 14,22; 15,32.41; 18,23; vgl. 16,5).

---

16 Vgl. *Jens Schröter*, Die Taufe in der Apostelgeschichte, in DAVID HELLHOLM u. a. (Hrsg.), Ablution, Initiation and Baptism. Late Antiquity, Early Judaism, and Early Christianity, BZNW 176/I, Berlin/Boston 2010, 557–586.

17 Vgl. Apg 8,12 f. (Simon Magus); 8,34–38 (Kämmerer); 9,1–19 (Paulus); 10,34–48; 11,14–18 (Kornelius); 16,14 f. (Lydia); 16,30–34 (Gefängnisaufseher); 18,8 (Krispus); vgl. auch Mk 16,16 (s. Anm. 12 f.).

Schon bei der Taufe des Johannes war die Umkehr zweitens mit der Vergebung der Sünden verbunden (Mk 1,4 par. Lk 3,3). In der Apostelgeschichte führt die Vergebung der Sünden bei der Taufe zur endzeitlichen Rettung, zum Leben.[18] Soll die Taufe Heil vermitteln, so muss die Sündenvergebung wirksam sein. Solche Rettung ist nach dem Zitat aus Joel 3,5 in der Pfingstpredigt des Petrus (Apg 2,21) jedem verheißen, der den Namen des Herrn anruft. Ebendies geschieht in der Taufe, wenn Petrus mit einem Imperativ dazu auffordert, dass jeder sich im Namen Jesu Christi taufen lassen soll (Apg 2,38).[19] Damit ist der Taufappell des Petrus durch das Zitat aus dem Propheten Joel vorbereitet und geht in der Taufe im Namen Jesu Christi in Erfüllung, was Gott durch das Schriftzitat, in dem er selber spricht (Apg 2,17), für die Endzeit verheißen hat:[20] Jeder, der sich im Namen Jesu Christi taufen lässt, wird gerettet werden, Vergebung der Sünden erfahren, Heil und Leben empfangen. Durch die Verbindung mit dem Joelzitat steht die Taufaufforderung des Petrus unter derselben Verheißung wie der sekundäre Markusschluss (Mk 16,16): Wer zum Glauben kommt und sich taufen lässt, der wird selig werden.

Als drittes Element begegnet bei der Taufe die Namensformel, und zwar in zwei Grundformen: Die akkusativische Wendung „auf den Namen des Herrn Jesu" (*eis to ónoma*) folgt der älteren christlichen Taufterminologie (s. Anm. 9) und hat eine diakritische Bedeutung: Sie stellt den Bezug zu Christus her, der Vergebung und Rettung gebracht hat, und unterscheidet die christliche Taufe von der Taufe des Johan-

18 Vgl. Apg 2,38.40 f.47; 10,43; 11,14.18; 16,30–33; vgl. auch Lk 24,47.

19 Vgl. Apg 22,16, aber auch 10,43.47 f.; 11,14.18 sowie 16,30–33.

20 Vgl. Avemarie, Tauferzählungen, 104 f.112–118.448 f.

nes (Apg 8,16; 19,5).[21] Die dativische Wendung „im Namen Jesu Christi" wird mit *epí* (Apg 2,38) bzw. *en* (Apg 10,48; 2,38 v. l.) gebildet, hat darüber hinaus eine legitimierende Bedeutung und nennt die autorisierende Instanz: im Auftrag oder unter Berufung auf Jesus Christus – so auch im Taufappell des Petrus.[22]

Nun stellt sich die Frage, wer bei der Taufe den Namen Jesu Christi anruft. Apg 22,16 ist die einzige Stelle im Neuen Testament, an der das Anrufen durch den Täufling geschieht, wenn Hananias Paulus ermuntert, sich taufen und die Sünden abwaschen zu lassen, indem er diesen Namen anruft. Dass jemand den Namen des Herrn Jesus Christus anruft (1Kor 1,2), kann die Funktion eines Glaubensbekenntnisses haben, so in Röm 10,9–13 mit demselben Zitat aus Joel 3,5. In Apg 22,16 gilt das eigentliche Interesse Paulus jedoch nicht als dem bekennenden Täufling, sondern als dem bekehrten Verfolger, der, indem er den Namen des Herrn Jesus anruft, selber einer von denen wird, die er zuvor verfolgte (Apg 9,14.21). So ist es bezeichnend, dass in Apg 22,16 das Anrufen des Namens zwar im Kontext der Taufe erwähnt, die Namensformel aber nicht unmittelbar mit dem Verb „taufen" verbunden wird, wie es sonst im Neuen Testament durchgehend der Fall ist.[23] Da das Verb dabei stets im Passiv gebraucht wird, erscheint es naheliegend, dass mit der Taufhandlung auch das Anrufen des Namens normalerweise durch den Täufer erfolgt, der die Taufe spendet, nicht durch den Täufling, der die Taufe empfängt. Auch nach dem Taufbefehl sind es die Jünger, die auf den Namen des dreieinigen Gottes taufen und da-

---

21 Vgl. 1Kor 1,11–15; Mt 28,19; Did 7,1.3.

22 Vgl. AVEMARIE, Tauferzählungen, 26–43.450.

23 Vgl. Apg 2,38; 8,16; 10,48; 19,5; 1Kor 1,13.15.

mit beim Taufakt seinen Namen anrufen sollen, nicht die Täuflinge, von denen hier gar nicht die Rede ist (Mt 28,19; vgl. Did 7,1.3).

Viertens wird in Apg 2,38 den Täuflingen die Gabe des heiligen Geistes versprochen. Wie der heilige Geist bei der Taufe Jesu auf ihn herabkam (Lk 3,22), so sollen auch die Glaubenden bei ihrer Taufe den heiligen Geist empfangen. Die Mitteilung des heiligen Geistes ist nach Lk 3,16 und Apg 1,5; 11,16 zum einen dasjenige Geschehen, das die Taufe der Anhänger Jesu von der Taufe des Johannes unterscheidet. Zum anderen bewirkt die Gabe des Geistes eine Analogie zwischen dem ersten Pfingstfest und der Taufe: Wie die Jünger an Pfingsten mit dem heiligen Geist „getauft" wurden (Apg 1,5; 11,16), so erhalten auch die Glaubenden bei ihrer Taufe den heiligen Geist.[24] Was also das Pfingstfest für die Jünger war, ist die Taufe für die Glaubenden: In beiden Fällen wird der Geist über sie ausgegossen.[25] Auch wenn das Wirken des Geistes nicht auf die Taufe beschränkt ist, sind Taufe und Geistempfang in der Apostelgeschichte prinzipiell miteinander verbunden; fraglich ist in den ausgeführten Tauferzählungen nur die Reihenfolge. Der heilige Geist kann wie im Haus des Kornelius schon vor der Taufe unmittelbar auf alle herabkommen (Apg 10,44.47; 11,15–17), doch in der Regel wird er nach der Taufe durch Handauflegung vermittelt (Apg 8,16 f.; 19,5 f.; Hebr 6,2). Jedenfalls gehören Taufe und Geistempfang grundsätzlich zusammen. Fehlt eines von beiden, so muss der Mangel unverzüglich behoben werden. Ist jemand wie in Samarien „nur" getauft, aber der heilige Geist „noch nicht" auf ihn herabgefallen, „dann" werden ihm sogleich die

24 Vgl. Apg 2,38; 8,15–17; [9,17 f.]; 10,44–48; 19,2–6.

25 Vgl. Apg 2,17 f.33; 10,45; Tit 3,5 f.; vgl. auch Did 7,3.

Hände aufgelegt und er empfängt den heiligen Geist (Apg 8, 16 f.). Haben umgekehrt die Korneliusleute durch Zungenrede und Gotteslob schon bewiesen, dass der heilige Geist bereits über sie gekommen ist,[26] ordnet Petrus an, sie im Namen Jesu Christi zu taufen (Apg 10,44–48; vgl. 9,17 f.). Ist jemand aber wie die Johannesjünger in Ephesus bisher „nur“ von Johannes dem Täufer getauft worden, so muss beides nachgeholt werden, die christliche Taufe auf den Namen Jesu und die Geistmitteilung durch Handauflegung (Apg 19,1–6; vgl. 18,25). Damit bestätigt die Nachtaufe in Ephesus, dass das Zusammengehören von Taufe und Geistempfang für Lukas die Regel ist. Ein Abweichen von dieser Norm wird behoben, sobald der Missstand festgestellt wird. Darum wird schon in der Pfingstpredigt des Petrus die Aufforderung zur Taufe mit der Verheißung des heiligen Geistes verbunden nach der Devise: „Wollt ihr des verheißenen Gutes teilhaftig werden, müsst ihr umkehren und euch taufen lassen!“[27]

Die Taufe ist für Lukas ein Initiationsritus. Sie verändert nicht nur das Leben des Täuflings durch seine Neuausrichtung auf Christus, sie begründet zugleich die Zugehörigkeit zur Gemeinde. Die Taufe erfolgt durch eine andere Person als Täufer, so Paulus durch Hananias aus der Gemeinde in Damaskus (Apg 9,10–19), der Äthiopier durch Philippus, einen der Sieben aus der Jerusalemer Gemeinde, einen Evangelisten (Apg 8,26 ff.; vgl. 6,5; 21,8), sowie Kornelius durch den Apostel Petrus (Apg 10,48). Ihr Vollzug bewirkt die Aufnahme in die Gemeinde. Darum heißt es nach dem Taufappell des Petrus in

---

[26] Es handelt sich um ein zweites Pfingsten, da der heilige Geist auf die Korneliusleute ebenso gefallen ist „wie auch auf uns [die Apostel] am Anfang“ (Apg 11,15 f.; vgl. 1,5; 2,11; 10,46).

[27] AVEMARIE, Tauferzählungen, 129–174 (bes. 138–144), 443–445, hier 139.

Apg 2,41: „Die nun sein Wort annahmen, ließen sich taufen; und an jenem Tag wurden hinzugefügt etwa dreitausend Menschen.“ Wer zum Glauben kommt, lässt sich taufen, und wer getauft ist, gehört zur Gemeinde. Nun nehmen die Neugetauften am Gemeindeleben teil, wie es mit seinen geistlichen und sozialen Aspekten in der Jerusalemer Urgemeinde modellhaft Gestalt gewinnt im Festhalten an der Lehre der Apostel, der Gemeinschaft, dem Brotbrechen und dem Gebet (Apg 2,42–47). Wie im Taufbefehl in Mt 28,19 f. erfolgt auch hier zuerst die Taufe und dann die Lehre (Apg 2,38.42). Und wie nach dem Taufappell des Petrus viele Menschen zur Gemeinde hinzustoßen (Apg 2,38.41), so hat die Taufe auch für Paulus, Kornelius, Lydia und den Gefängniswärter zur Folge, dass sie dableiben und mitessen, d. h. in Gastfreundschaft aufgenommen werden und an der Tischgemeinschaft teilhaben (Apg 9,18 f.; 10,48; 11,3; 16,15.33 f.40), die auch das Herrenmahl eingeschlossen haben dürfte (Apg 2,42.46; 20,7; 1Kor 10, 16; 11,23 f.).

Bei der Frage des Finanzministers aus Äthiopien: „Was hindert's, dass ich mich taufen lasse?“ (Apg 8,36) wird diskutiert, ob hier eine liturgische Frage nach möglichen Taufhindernissen anklingt.[28] In der jetzigen Formulierung handelt es sich jedoch nicht um eine liturgische Überprüfung der erforderlichen Voraussetzungen durch den Täufer, sondern um eine rhetorische Frage des Täuflings, die sich am einfachsten als höfliche, ihrer Antwort freilich gewisse, formlose Umschreibung einer Bitte begreifen lässt. Auch bei der Taufe des Kornelius dient dasselbe Verb in Apg 10,47 und 11,17 nicht zur Überprüfung des Täuflings, sondern verweist auf das objektive Faktum des Geistempfangs als einer unzweideutigen

[28] Vgl. Avemarie, Tauferzählungen, 89–93.269.294.

Kundgabe des Willens Gottes. Der Äthiopier ist es zwar, der auf das Evangelium des Philippus hin aktiv wird und spontan die Taufe begehrt, Philippus aber derjenige, der sie vollzieht (aktiv: er taufte), letztlich jedoch „der Engel" bzw. „der Geist des Herrn", der das Geschehen bestimmt (Apg 8,26.29.39). Gott ist das handelnde Subjekt, die Taufe bleibt sein Werk. Eine konditionale Formulierung wird erst sekundär in der späteren Handschriftenüberlieferung in V. 37 eingefügt: „Philippus aber sagte zu ihm: Wenn du von ganzem Herzen glaubst, ist es möglich. Er aber antwortete und sprach: Ich glaube, dass Jesus Christus Gottes Sohn ist." Dieser Vers gehört jedoch nicht zum ursprünglichen Text der Apostelgeschichte. Zudem ist die Antwort des Philippus zwar als Bedingungssatz formuliert, doch stellt sie im jetzigen Erzählduktus keine Bedingungen, die zu erfüllen sind, sondern konstatiert, dass die Taufe möglich ist, da das Taufbegehren impliziert, dass der Täufling schon zum Glauben gekommen ist. Ebendieser implizite Glaube wird durch das nachfolgende Christusbekenntnis nur explizit zum Ausdruck gebracht. Es gibt keinen Grund, die Taufe zu verweigern. So erzählt auch diese Geschichte das Beispiel eines Menschen, der sich taufen lässt, sobald er zum Glauben gekommen ist. Zusammenfassend kann man sagen:

> „Als Theologe hat Lukas eine sehr klare Vorstellung von dem, was christliche Taufe ist und sein soll: der sichtbare Ausdruck individueller Umkehr, das erste, was Christen und Christinnen tun, wenn sie zum Glauben gekommen sind, zugleich eine Gabe Gottes, die die Kirche denen, die Gott ausersehen hat, nicht verweigern kann; sie wird vollzogen auf den Namen des Herrn Jesus Christus, geschieht in der Gewissheit, dass dem Täufling durch diesen Herrn Vergebung und Heil widerfährt, ist verbunden mit einer Ausgießung des heiligen Geistes, die rituell durch Handauflegung dargestellt wird, und bewirkt die uneingeschränkte Aufnahme des Täuflings in die Gemein-

schaft aller Gläubigen, mit entsprechenden Konsequenzen für die alltägliche persönliche Lebensgestaltung."[29]

4.3 Johannesevangelium

Das Johannesevangelium überliefert ebenfalls keinen Taufbefehl, thematisiert die Taufe aber im Gespräch mit Nikodemus in Joh 3,3–5 durch die neue Geburt „aus Wasser und Geist", die zur Bedingung für den Einlass in das Reich Gottes wird: „Wenn jemand nicht aus Wasser und Geist geboren wird, kann er nicht in das Reich Gottes eingehen."

Die Pointe liegt in der Verbindung von Wassertaufe und Geistempfang, die sich im Johannesevangelium gegen zwei Missverständnisse wehrt:

Auf der einen Seite wendet Johannes sich gegen eine falsch verstandene Sakramentalisierung, die sich auf den äußeren Vollzug fixiert und darüber die geistliche, innere, existenzielle Dimension der Taufe vergisst – ähnlich wie beim Abendmahl in der Brotrede: „Der Geist ist es, der lebendig macht, das Fleisch nützt nichts" (Joh 6,63). Das Interesse an den Sakramenten darf nicht auf die Elemente Brot und Wein oder den Vollzug des Wasserritus reduziert werden. Die Taufe ist auch ein geistliches, inneres Geschehen.

Auf der anderen Seite wehrt sich Johannes gegen eine falsch verstandene Spiritualisierung, die das geistliche Geschehen gegen den äußeren Vollzug ausspielt und damit die Bedeutung der Menschwerdung Jesu in den rituellen Handlungen von Taufe und Abendmahl preisgibt: „Das Wort ward Fleisch [...] und wir sahen seine Herrlichkeit, eine Herrlichkeit als des einzigen Sohnes vom Vater, voll Gnade und Wahrheit." (Joh 1,14) Deshalb ist der äußere rituelle Vollzug keine

---

29 So der Ertrag der Arbeit von Avemarie, Tauferzählungen, 452.

Äußerlichkeit, sondern ein wesentlicher Bestandteil für eine stiftungsgemäße Taufpraxis: „Wahrlich, wahrlich, ich sage dir: Es sei denn, dass jemand geboren werde aus Wasser und Geist, so kann er nicht in das Reich Gottes kommen." (Joh 3,5) Der Wasserritus bleibt unverzichtbar.

Anschließend wird neben der Taufe des Johannes auch noch eine Tauftätigkeit Jesu erwähnt (Joh 3,22.26; 4,1), aber sogleich korrigierend ergänzt, dass „Jesus nicht selber taufte, sondern seine Jünger" (Joh 4,2). Ob Jesus tatsächlich getauft hat, ist angesichts dieser widersprüchlichen Angaben umstritten. Dass Jesus einfach die Taufe des Johannes praktiziert haben könnte, ist nach dem Hinweis auf den heiligen Geist und die Gottessohnschaft bei der Taufe Jesu sowie angesichts seiner neuen Botschaft vom Reich Gottes eher unwahrscheinlich. Aber auch eine Vorform der christlichen Taufe ist zweifelhaft, da der Geist, der für die Taufe nötig ist (Joh 3,5), den Jüngern erst für die Zeit nach Ostern verheißen wird (Joh 7,39; 14,16; 16,7; 20,22). Gegen eine Tauftätigkeit Jesu spricht nicht zuletzt das Fehlen einschlägiger Berichte in den anderen Evangelien. Deshalb ist es historisch wahrscheinlich zutreffend, dass „Jesus selber nicht taufte" (Joh 4,2). Aber woher kommt dann die Erwähnung der Tauftätigkeit Jesu? Möglicherweise hat der Verfasser des vierten Evangeliums diesen Hinweis in die nachösterliche Auseinandersetzung mit den Täuferjüngern eingetragen, um die eigene Taufpraxis der christlichen Gemeinden zu legitimieren. Jedenfalls bestätigt die nachträgliche Korrektur, dass „Jesus nicht selber taufte, sondern seine Jünger" (Joh 4,2), die rasche Ausbreitung der Taufe als eine Praxis, die bereits auf die ersten Anfänge der Jesusbewegung zurückgeht.

5. Das Taufverständnis des Paulus (Röm 6,3–4)

Grundlegend für das theologische Verständnis der Taufe sind die Ausführungen des Paulus.[30] Dabei ist jedoch zu beachten, dass der Apostel die Taufe nirgends als solche zum Hauptthema macht, sondern nur beiläufig auf sie zu sprechen kommt. So zielen auch die Aussagen in Röm 6,3–4[31] eigentlich auf die nachfolgende Paränese, d. h. die Ermahnung zu einem neuen Lebenswandel. Die Taufe wird von Paulus lediglich *en passant* in Erinnerung gerufen, ihre Bedeutung bei den Adressaten schon als bekannt vorausgesetzt:

„3 Oder wisst ihr nicht,
dass wir alle,
die wir auf Christus Jesus getauft wurden,
auf seinen Tod getauft wurden?
4 Wir wurden also mit ihm begraben durch die Taufe in den Tod,
damit, wie Christus auferweckt wurde von den Toten durch die Herrlichkeit des Vaters,
so auch wir in der Neuheit des Lebens wandeln."

---

30 Zur paulinischen Tauftheologie vgl. Pokorný/Heckel, Einleitung, 145–149, sowie James D. G. Dunn, The Theology of Paul the Apostle, Grand Rapids, MI 1998, 442–459; Michael Wolter, Paulus. Ein Grundriss seiner Theologie, Neukirchen-Vluyn 2011, 129–151; oder monographisch: Udo Schnelle, Gerechtigkeit und Christusgegenwart. Vorpaulinische und paulinische Tauftheologie, GThA 24, Göttingen ²1986; Helmut Umbach, In Christus getauft – von der Sünde befreit. Die Gemeinde als sündenfreier Raum bei Paulus, FRLANT 181, Göttingen 1999.

31 Vgl. Hans-Joachim Eckstein, Auferstehung und gegenwärtiges Leben nach Röm 6,1–11. Präsentische Eschatologie bei Paulus?, in: Ders., Der aus Glauben Gerechte wird leben. Beiträge zur Theologie des Neuen Testaments, BVB 5, Münster 2003, 36–54; Michael Wolter, Der Brief an die Römer, EKK VI/1, Neukirchen-Vluyn 2014, 364–384; und zu Röm 6 als *locus classicus* kirchlicher Tauflehre: Ulrich Wilckens, Der Brief an die Römer, EKK VI/2, Neukirchen-Vluyn 1978, 22–33.

5.1 *Die Schicksalsgemeinschaft mit Christus*

Durch die Taufe wird die Zugehörigkeit eines Menschen zu Christus begründet. Wer „auf Christus" getauft wird (*eis Christón*; Röm 6,3; Gal 3,27; vgl. 1Kor 10,2), d. h. auf seinen Namen (vgl. 1Kor 1,13–15; 6,11), wird „auf seinen Tod getauft", d. h. metonymisch auf Christus als den Getöteten, den Gekreuzigten. Durch die Taufe auf den Tod Christi erfährt der Täufling Gemeinschaft „mit ihm" (Röm 6,4 f.), d. h. er erhält damit – in Anlehnung an das alte Bekenntnis in 1Kor 15,3b–5 – Anteil am Tod[32] und an der Auferstehung Jesu.[33]

Durch die Taufe hat er nach Gal 3,26–29 „Christus angezogen" und ist nun „in Christus" (*en Christṓ*), d. h. im Herrschafts-, Kraft- und Einflussbereich Christi. Er wird von der Heilsmacht Christi eingehüllt wie von einem neuen Kleid, das jetzt unablöslich zu seiner Person gehört und sein Leben dauerhaft mit einer heilvollen Wirklichkeit umschließt. Daraus entwickelte sich die christliche Sitte des Taufgewands. In Röm 6 führt Paulus dann weiter aus, was es bedeutet, dass ein Mensch nach seiner Taufe „in Christus" (Röm 6,11.23) lebt, d. h. in die Schicksalsgemeinschaft des Todes und der Auferweckung Jesu hineingenommen ist.

5.2 *Die Vergebung*

In der Taufe stirbt der alte Mensch, er wird mit Christus „mitgekreuzigt" (Röm 6,6). Der alte Adam wird in seiner Sünden- und Todesverfallenheit mit Christus „mitbegraben" (Röm 6,4).

32 Nach Mk 10,38 f.; Lk 12,49 f. hat schon Jesus von seinem Tod metaphorisch als „Taufe" gesprochen, ohne einen Bezug zum Wasserritus herzustellen.

33 Vgl. die deuteropaulinische Wiederaufnahme von Motiven aus Röm 6,3 f. in Kol 2,12 f.; Eph 2,5 f., die den Akzent von der Ermahnung zu einem neuen Lebenswandel zu der bereits erfolgten Teilhabe am Heil in der Taufe durch den Glauben verlagert.

Der alte Mensch bezeichnet die frühere Existenz des Getauften vor seiner Bekehrung. Das Sterben bedeutet nicht das Lebensende im physischen Sinn, sondern in einer übertragenen Bedeutung das definitive Ende des Verfallenseins unter die Herrschaft der Sünde und des Todes. Das Verb „taufen" beschreibt in der Vergangenheitsform (Aorist), was in der Taufe bereits geschehen ist. Weil Christus „pro nobis" (für uns) gekreuzigt wurde, erhält der Täufling, indem er auf den Namen Christi getauft (vgl. 1Kor 1,13), d. h. mit Christus mitgekreuzigt und mitbegraben wird, selber Anteil an der „extra nos" (außerhalb von uns) begründeten Vergebung der Sünden, Gerechtmachung und Versöhnung mit Gott, die der stellvertretende Tod Jesu „für uns" gebracht hat (Röm 5,6–11; 1Kor 15,3 f.). Christus ist das handelnde Subjekt, der Täufling der Empfangende und Beschenkte, das Verb steht im Passiv: *ebaptísthēmen* (wir wurden getauft). Durch die Taufe kommt das Heil, das durch Christus „für uns" universal geschehen ist, einer einzelnen Person individuell zugute. So geschieht durch die Taufe nichts, was nicht im Christusereignis seinen Grund hat. Aber was Christus am Kreuz für alle Menschen (Röm 5,12 ff.) getan hat, wird in der Taufe einem Individuum persönlich zugeeignet (Röm 6,3 ff.). Die Taufe bewirkt nicht nur die Vergebung für begangene (Einzel-)Sünden, sondern sehr viel grundsätzlicher die Befreiung aus der abgrundtiefen Sündenverfallenheit und Todesohnmacht des Menschen, die Paulus zuvor in der Gegenüberstellung von Adam und Christus (Röm 5,12 ff.) ausführt.

5.3 Die Neuschöpfung

Da die Vergebung zur Errettung vor dem göttlichen Zorngericht führt (Röm 5,9 f.),[34] begründet die Taufe nach Röm 6,

34 Zur rettenden Wirkung der Taufe vgl. auch die Hinweise auf den Durch-

4–11 die ebenfalls „extra nos“ (außerhalb von uns) verankerte Hoffnung, dass der Getaufte durch das Wirken des Geistes schon jetzt an der endzeitlich erneuerten Wirklichkeit teilhat. Dieser Neubeginn ist mit der Auferstehung Jesu angebrochen und wird in der Taufe symbolisch nachvollzogen. Darum erinnert Paulus in V. 4 nicht nur an den Tod, sondern auch an die Auferweckung Jesu Christi, um daraus zu folgern, dass auch die Getauften „in einem neuen Leben wandeln“.

Zur Begründung entfaltet Paulus in V. 5 zunächst die Perspektive einer futurischen Eschatologie. Denn wenn jemand durch die Taufe auf Christus mit der Gleichgestalt seines Todes „zusammengewachsen“ (*sýmphytos*), d. h. unauflöslich verbunden oder vereinigt ist, so wird er es auch mit der Gleichgestalt seiner Auferstehung sein, auch wenn die leibliche Teilhabe an dieser Auferstehung noch aussteht (vgl. das Futur in V. 5b.8b). Aus der Gleichheit mit dem Tod Christi folgt die Gleichheit mit seiner Auferstehung, aus der Teilhabe an seinem Tod die Teilhabe an seiner Auferweckung. Als Getaufter wird er ihm darum nicht nur im Tod, sondern auch im ewigen Leben gleich werden.[35]

Diese futurische Eschatologie verbindet Paulus in Röm 6 aber zugleich mit einer pointiert präsentischen Eschatologie, in der die Hoffnung auf die künftige Auferstehung schon das gegenwärtige Leben neu qualifiziert, bestimmt und erfüllt „in der Neuheit des Lebens“ (Röm 6,4). Wie Gott Christus von den Toten auferweckt (Röm 6,4), d. h. lebendig gemacht und damit neues Leben geschaffen hat (vgl. Röm 4,17; 8,11), so ist auch die Taufe ein Akt der Neuschöpfung. Denn in der Taufe

---

zug durch das Rote Meer (1Kor 10,1 f.) und die Errettung aus der Sintflut (1Petr 3,20 f.).

35 Vgl. 1Kor 15,3b–5 mit 2Kor 13,4; Phil 3,10 f.21; 1Thess 4,14.17; 5,10.

ist „unser alter Mensch“ nicht nur mit Christus „mitgekreuzigt“ (Röm 6,6) und „mitbegraben“ (Röm 6,4), sondern von diesem Zeitpunkt an „lebt“ und existiert er „in Christus“ (Röm 6,10.11). Ist jemand aber „in Christus“, so ist er eine „neue Kreatur. Das Alte ist vergangen, siehe, Neues ist geworden“ (2Kor 5,17; vgl. Gal 6,15).[36] Die Taufe markiert einen radikalen Bruch zur früheren Existenz vor der Bekehrung. Durch die Taufe wird ein völlig neues Leben geschaffen, das es vorher nicht gab, in dem die Getauften jedoch von nun an wandeln.[37]

Die Neuschöpfung eröffnet zum einen eine eschatologische Perspektive, indem sie schon jetzt die Gewissheit der zukünftigen Auferstehung zum ewigen Leben begründet. Zum anderen hat sie ethische Konsequenzen in der Lebensführung, da die Taufe darauf zielt, dass die Getauften „in der Neuheit des Lebens“ wandeln (Röm 6,4; vgl. 7,6), d. h. auch in ihrem alltäglichen Verhalten „nicht mehr“ der Herrschaft der Sünde und des Todes verfallen sind (Röm 6,6.9), sondern durch den heiligen Geist schon gegenwärtig an der endzeitlichen Vollendung teilhaben und ihren Lebenswandel entsprechend gestalten (Röm 8,1 ff.18 ff.). Nun sind sie erfüllt von der Hoffnung auf das Reich Gottes (Röm 14,17), d. h. auf ein Leben in Gerechtigkeit und Friede und Freude im heiligen Geist, so dass sie bereits jetzt ihr praktisches Verhalten demgemäß ausrichten sollen (Röm 5,1.16–21; 6,13–23; 8,4–11; 14,17; 15,13).

---

36 Vgl. auch die Wiedergeburt, die nichts anderes ist als ein zweites Geborenwerden, das von neuem, von oben, von Gott her geschieht, nämlich aus Wasser und Geist, d. h. durch die Taufe (Joh 3,3–5; Tit 3,5).

37 Im Anschluss an Röm 6,4.6 sprechen Kol 3,9 f. und Eph 4,22–24 vom Ablegen des „alten Menschen“ und dem Anziehen (vgl. Gal 3,27) des „neuen Menschen“, der „nach Gott geschaffen ist in Gerechtigkeit und Heiligkeit der Wahrheit“ (Eph 4,24; vgl. Kol 3,10).

5.4 Der Herrschaftswechsel

In der Taufe geschieht ein Herrschaftswechsel (Röm 6,9.12). Der Getaufte ist – in den sozialen Kategorien von Sklaverei und Freiheit ausgedrückt – nicht mehr unter der tödlichen Herrschaft der Sünde versklavt (vgl. Röm 5,14.17.21; 6,6.9. 14–23), sondern durch den stellvertretenden Sühnetod Jesu aus dieser Abhängigkeit befreit (Röm 3,25 f.; 6,18.22; 8,2). Nun „herrscht" über ihn nicht mehr die Sünde, sondern die Gnade (Röm 5,21; 6,14). Er lebt nicht mehr „unter dem Gesetz", sondern „unter der Gnade" (Röm 6,14). Christus ist der „Herr" seines Lebens, der ihn von der Macht der Sünde frei gemacht hat und ihm Gerechtigkeit und ewiges Leben schenkt (Röm 10,9–13). Durch die Taufe wird er in die Einflusssphäre Christi aufgenommen und effektiv gerecht gemacht (2Kor 5,21; vgl. 1Kor 6,11; 1,30).

Mit dem Herrschaftswechsel in der Taufe ist die Macht der Sünde „ein für allemal" (*ephápax*) gebrochen (Röm 6,10),[38] auch wenn ihre vollständige Vernichtung noch auf sich warten lässt. Der Glaubende ist von der Macht der Sünde erlöst, bleibt aber ihren Versuchungen ausgesetzt bis zur Wiederkunft Christi. Wegen dieser andauernden Versuchung in der Spannung zwischen „schon" und „noch nicht", d. h. zwischen der bereits erfolgten Befreiung von der Macht der Sünde und der noch ausstehenden Vollendung, bedürfen die Getauften weiterhin der Paränese, d. h. der Ermahnung, „nicht mehr" (Röm 6,6.9) der Sünde zu dienen, sondern der Gerechtigkeit, die mit dem Reich Gottes vor Augen steht (Röm 6,12 ff.; 14,17). Zur Paränese gehört auch immer wieder neu die Ermutigung: „Steht im Glauben!" (1Kor 16,13; vgl. 15,1; Gal 5,1; Phil 1,27; 4,1).

---

[38] Vgl. auch Hebr 7,27; 9,12; 10,10, sowie die Ablehnung der zweiten Buße in 6,4–8; 10,26–31; 12,16 f.

Der Einzigartigkeit, dem *ephápax* (ein für allemal), des Sühnetods Jesu entspricht die Einmaligkeit und Unwiederholbarkeit der Taufe. In ihr wird die Gerechtmachung, die durch den Tod Jesu universal für alle geschehen ist, einem Menschen individuell zuteil und zu einer wesentlichen Grundlage seiner Persönlichkeits- und Identitätsbildung. In der drastischen Rede vom Absterben und Auferstehen, vom Herrschaftswechsel und der Neuschöpfung (vgl. auch die Wiedergeburt in Joh 3,5; Tit 3,5) findet die Erfahrung einer radikalen Lebenswende ihren Niederschlag, die die Bekehrung zu Christus für die ersten Christen mit sich brachte, für viele kirchlich sozialisierte Zeitgenossen heute aber nur schwer nachvollziehbar ist. Hier macht sich der unterschiedliche Sitz im Leben bemerkbar, der in einer Missionssituation völlig anders aussieht als in einer schon länger bestehenden Gemeinde.

Die Einmaligkeit des Taufvollzugs verlangt eine immer wieder neue Vergegenwärtigung der Taufe und ihrer Bedeutung für die christliche Existenz. Sie geschieht vor allem durch die Paränese, die sich an Getaufte wendet, sie an den Herrschaftswechsel und die Erneuerung in der Taufe erinnert (vgl. Röm 12,1f. mit 6,4.13.19) und daraus Konsequenzen für ihr ethisches Verhalten im Alltag zieht (Röm 6,3–23; 8, 1–11; 1Kor 6,11). Diesen Gedanken einer lebenslangen Bedeutung der Taufe für die praktische Lebensführung hat Martin Luther in seinen Katechismen neu auf den Begriff gebracht in der Rede von der „tägliche[n] Taufe, einmal angefangen und immer fortgesetzt“[39]. In der Rede von der täglichen Taufe resümiert Luther, was die Pointe der ersten

39 Gr. Kat., UG 622. Vgl. Kl. Kat., UG 478.

seiner 95 Thesen gegen den Ablass war, „dass das ganze Leben der Gläubigen Buße sei“[40].

Fassen wir zusammen, so wird das Verbum „baptízein“ in Röm 6,3 als Terminus für den rituellen Vollzug der „Taufe“ (Röm 6,4) insgesamt gebraucht. Über die Art und Weise des Wasserritus wird nichts gesagt; ob die konkrete Bedeutung „eintauchen, untertauchen“ noch mitgehört wurde, ist umstritten; von einem Auftauchen oder Heraussteigen aus der Taufe, das dem Eintauchen entsprechen würde (Mk 1,10; Apg 8,38 f.), ist nicht die Rede. Für das Verständnis der Taufe bleiben aus Röm 6 vier Aspekte wesentlich: die Schicksalsgemeinschaft mit Christus, die Vergebung durch den Tod Jesu, die Neuschöpfung in Christus und der Herrschaftswechsel. Durchgehend wird deutlich, dass die Errettung von Gott ausgeht. Das ganze Taufgeschehen liegt „extra nos“ (außerhalb von uns) in Gottes heilvollem Handeln in Jesus Christus begründet. Im Vollzug der Taufe wird dem Täufling zugeeignet, was Christus für uns gebracht hat. Immer ist Gott der Handelnde, der Aktive, er stiftet die Gemeinschaft, er gewährt die Vergebung, er bewirkt die Auferstehung, er schenkt das neue Leben. Stets ist der Täufling der Beschenkte, der Passive, er wird getauft, mitbegraben und mitgekreuzigt. Er ist der Empfangende, der erkennt und weiß, was ihm in der Taufe zuteil wird und welche ethischen Konsequenzen sich daraus ergeben. Empfangen wird die fremde Gerechtigkeit, die die Taufe vermittelt, „durch den Glauben“ (Gal 3,26 f.). Damit ist die Frage nach dem Verhältnis von Taufe und Glaube bei Paulus aufgeworfen.

---

40 Martin Luther, Ausgewählte Schriften Bd. 1, hrsg. v. Karin Bornkamm/Gerhard Ebeling, Frankfurt am Main 1982, 28 [=WA I, 233].

5.5 *Taufe und Glaube*

„Glaube“ ist für Paulus zuallererst ein Beziehungsbegriff, nämlich der Glaube an Jesus Christus, d. h. ein Glaube, der Jesus Christus zum Gegenstand hat (Genitivus obiectivus; Röm 3,22; Gal 3,22). Beim Verbum „glauben“ bezeichnet die Präposition „an“ (*eis*) die Ausrichtung auf Christus Jesus (Röm 10,14; Gal 2,16) oder es folgt ein einfacher Dativ: Gott glauben, d. h. ihm vertrauen, sich auf ihn verlassen (Röm 4,3.17; Gal 3,6). In Röm 6,8 steht das Glauben in einer Reihe mit dem Erkennen (V. 6), Wissen (V. 9) und Dafürhalten (V. 11), das den Tod und die Auferstehung Jesu Christi zum Inhalt hat und daraus die entsprechenden Folgerungen für die christliche Lebensführung zieht. Dieser Glaube ist nicht das Ergebnis einer menschlichen Entscheidung, nicht Werk des Menschen, sondern Gottes Gabe, die er durch sein Wort und seinen Geist wirkt (Röm 10,14–17; 1Kor 2,4 f.12; 12,3).

Lässt sich jemand auf Christus taufen, so wird er ein Sohn, d. h. ein Kind Gottes durch den Glauben an Christus Jesus und empfängt die Gotteskindschaft (Gal 3,26 f.; 4,5). Die Gotteskindschaft ist ein Ausdruck für die Annahme an Kindes statt, d. h. hier bei der Taufe in einem spezifisch religiösen Sinn für die Adoption durch Gott. Damit ist die Gotteskindschaft keine Frage der biologischen Abstammung, sondern der Zugehörigkeit zu Gott, also – wie der Glaube – der Gottesbeziehung. Wie bei der Taufe Jesu die Himmelstimme diesen als Gottes geliebten Sohn angesprochen hat und der Geist herabgekommen ist (Mk 1,10 f.), so ist auch für Paulus mit dem Empfangen der Gotteskindschaft durch die Taufe die Gabe des heiligen Geistes verbunden, die im Gebet vertrauensvoll Abba, Vater, rufen lässt (Gal 4,6; Röm 8,14 f.). Diese Gottesanrede hat Jesus in Gethsemane selber verwendet (Mk 14,36) und auch seinen Jüngern mit dem Vaterunser nahegelegt (Mt 6,9). In einem solchen Gottvertrauen auf den Vater Jesu Christi findet der christliche Glaube seinen angemessenen Ausdruck. Diese besondere Gottesbeziehung wird durch die Taufe eröffnet und begründet (Gal 3,26 f.).

Daraus folgt: Glaube und Taufe gehören sachlich zusammen, sie bedingen einander jedoch nicht. Der Glaube verlangt nach der Taufe, aber er hängt nicht von der Taufe ab. Umgekehrt zielt auch die Taufe auf den Glauben, aber auch sie hängt nicht vom Glauben ab. Die Taufe ist keine Voraussetzung für den Glauben und der Glaube keine Voraussetzung für die Taufe. Auch zeitlich kann sowohl der Glaube dem Empfang der Taufe vorausgehen als auch die Taufe dem Zum-Glauben-Kommen. Die Taufe ist ihrem Wesen nach weder eine Demonstration des Glaubens noch ein Bekenntnisakt des Täuflings, sondern Gottes Werk und Gabe. Sie hat keinen anderen Grund und keine andere Voraussetzung als Gottes Heilstat in Christi Kreuz und Auferstehung.[41]

5.6 Ethische Konsequenzen

Der Getaufte lebt nicht mehr als Sklave der Sünde, sondern als Gerechtfertigter, der von Gott freigesprochen und gerecht gemacht ist (Röm 6,7). Deshalb gehorcht er nicht mehr wie ein Sklave der Sünde (Röm 6,6.16 f.19 f.), sondern ist befreit von deren Herrschaft. In der Gemeinschaft mit Christus führt er ein erneuertes Leben (Röm 6,4) und dient der göttlichen Gerechtigkeit durch ein entsprechendes Verhalten (Röm 6,16.18 f.; vgl. 6.13.19 mit 12,1 f.). Die neue Präsenz Christi eröffnet den Weg zur Vollendung in Gottes Reich und wird in den paränetischen Aussagen von Röm 6,3–23 und 8,1–11 für die neue, vom heiligen Geist geleitete Lebensgestaltung in Gerechtig-

---

41 Vgl. Hofius, Glaube, 259–262.268–270.

keit, Freude und Frieden ethisch fruchtbar gemacht (vgl. Röm 14,17; 15,13).

Auf die Distanzierung von den fortdauernden Versuchungen der Sünde zielt die Paränese etwa nach dem Motto „Werde, der du bist!" bzw. „Lebt, was ihr seid!" So spricht Paulus in 1Kor 6,11 die Gläubigen in Vergangenheitsformulierungen (Aorist) auf ihre Taufe an, damit sie die bereits erfolgte Lebenswende von der heidnischen Vergangenheit zu ihrer christlichen Existenz in ihrem ethischen Verhalten bewähren: „Aber ihr seid reingewaschen, aber ihr seid geheiligt, aber ihr seid gerecht geworden im Namen des Herrn Jesus Christus und durch den Geist unseres Gottes" (vgl. 1Kor 1,30). Taufe, Gerechtmachung und die Auswirkungen dieser Heiligung in der Lebenspraxis gehören untrennbar zusammen, weil das Leben der Getauften durch den Geist geheiligt ist und dementsprechend eine Lebensführung verlangt, die die Laster des alten Menschen hinter sich lässt, die zuvor in den Lasterkatalogen aufgezählt wurden.[42]

5.7 *Die Aufnahme in die Kirche*

Die Taufe hat stets eine kirchliche Dimension: Sie eröffnet die Gemeinschaft nicht nur mit Christus, sondern auch mit „allen" (1Kor 12,12 f.; Gal 3,27 f.), die zu Christus gehören. Die Verbundenheit mit Christus ist nicht zu haben ohne die Gemeinschaft der Getauften. Und wer zur Gemeinde gehört, hat die Taufe empfangen: „Wir alle sind getauft worden" (1Kor 12, 13; vgl. Röm 6,3). Für Paulus gibt es keine Taufe ohne Gemeindebezug, ohne den Leib Christi. Denn die Taufe „auf Christus" (Röm 6,3; Gal 3,27) ist ein Aufnahmeakt, der die Eingliederung „in den *einen* Leib" bewirkt (*eis hén sṓma*; 1Kor 12,13),

42 Vgl. Röm 6,19–22; 1Kor 6,9 f.; 1Thess 4,3 ff.

d. h. die Einverleibung als neues Mitglied in den Einflussbereich Christi, der in der christlichen Gemeinde als Lebensgemeinschaft seine konkrete geschichtliche Gestalt hat.[43] Erfahrbar wird diese Gemeinschaft des Leibes Christi in der gottesdienstlichen Versammlung, insbesondere in der Feier des Herrenmahls (1Kor 10,16 f.; 11,17–26). Wer „auf Christus getauft" wurde, ist „in Christus" (*en Christṓ*; Röm 6, 11.23; Gal 3,26–28), d. h. in den vorgegebenen Leib Christi, die christliche Gemeinde, aufgenommen. Das Sein „in Christus" und die Zugehörigkeit zum „Leib Christi" sind unterschiedliche Ausdrucksweisen für denselben Sachverhalt, nämlich das Leben in der Einflusssphäre Christi.

Vollzogen wird die Taufe durch eine andere Person, so bei Krispus und Gajus sowie dem Haus des Stephanas, des Erstbekehrten von Achaja, durch Paulus (1Kor 1,14.16; 16,15). Nun war es in Korinth zu Gruppenbildungen bzw. Spaltungen gekommen, weil Gemeindeglieder sich einzelnen Missionaren wie z. B. Paulus oder Apollos in besonderer Weise verbunden fühlten (1Kor 1,12; 3,4 ff.22). Die rhetorische Frage, ob sie etwa „auf den Namen des Paulus getauft" seien (1 Kor 1,13), macht jedoch deutlich, dass für ihr Christsein die Zugehörigkeit zu Christus entscheidend ist, nicht die Beziehung zur Person des Täufers, durch den sie zum Glauben gekommen sind. Darum ist Paulus für das geringe Ausmaß seiner eigenen Tauftätigkeit dankbar und verweist darauf, dass Christus ihn nicht gesandt hat zu taufen, sondern das Evangelium zu verkündigen (1Kor 1,17). Daraus lässt sich jedoch keine generelle Geringschätzung der Taufe ableiten, sondern nur eine andere Prioritätensetzung im Auftrag des Paulus.

---

43 Vgl. Röm 12,5; 1Kor 10,17; 12,13.27; sowie Kol 1,18.24; 2,19; Eph 1,23; 2,16; 4,4.12.16; 5,23.30.

Aus dieser Christuszugehörigkeit folgert Paulus die Gleichberechtigung aller Getauften im Blick auf das Heil, die ethische Konsequenzen hat. So hält er den innergemeindlichen Aufspaltungstendenzen in Korinth entgegen, dass die Gläubigen „alle" durch die Taufe zusammengehören wie die Glieder „eines" Leibes (1Kor 12,12 f.). Ebenso erinnert er die Galater angesichts der religiösen Spannungen zwischen Juden- und Heidenchristen daran, dass sie durch die Taufe „alle" „einer" sind „in Christus Jesus" (Gal 3,27 f.). Denn durch dessen Heilstat sind die alten ethnischen bzw. sozialen Gegensätze zwischen Juden und Griechen, Sklaven und Freien, Männern und Frauen eigentlich überwunden, so dass sie im Zusammenleben der Gemeinde keine trennende Wirkung mehr haben dürfen (1Kor 12,13; Gal 3,28; vgl. Kol 3,11). In Eph 4,1–6 wird dieser Gedanke noch dahingehend zugespitzt, dass die „eine Taufe" ein Kennzeichen für die Einheit der Kirche ist, weil sie weltweit alle verbindet, die auf den Namen des dreieinigen Gottes getauft sind, die Kirche also in der universalen Gemeinschaft der Getauften besteht. Kol 2,11–13 zeigt, dass die Taufe als christlicher Initiationsritus eine analoge Funktion wie die Beschneidung im Judentum ausübt.

6. Der Taufbefehl (Mt 28,16–20)

Der Abschnitt Mt 28,16–20 wird gerne als Taufbefehl bezeichnet. In der revidierten Lutherbibel und den meisten anderen Bibelausgaben ist seit dem 19. Jahrhundert jedoch eine andere Überschrift üblich geworden: „Der Missionsbefehl". Umso spannender wird die Frage, welche Bedeutung diesem Abschnitt im Matthäusevangelium selber zukommt. Es handelt sich um den Schluss des Evangeliums, in dem zahlreiche Motive noch einmal gebündelt werden. In einer wörtlichen Übersetzung lauten die Worte des Auferstandenen:

> 18b „Mir wurde gegeben alle Macht im Himmel und auf Erden.
> 19 Darum macht zu Jüngern alle Völker, indem ihr hingeht,
> sie auf den Namen des Vaters und des Sohnes und des
> heiligen Geistes tauft
> 20a und sie alles zu halten lehrt, was ich euch befohlen habe.
> 20b Und siehe, ich bin bei euch alle Tage bis an der Welt Ende."

Der Abschnitt gliedert sich in 1. das Vollmachtswort (V. 18b), 2. den Missionsauftrag (V. 19–20a) und 3. die Beistandszusage (V 20b). Die Sprache ist weitgehend typisch für das Matthäusevangelium. Nur das Vollmachtswort (V. 18b) erinnert an die Vollmacht, die nach Dan 7,14 dem Menschensohn übergeben wurde. Der trinitarische Taufbefehl (V. 19) ist aus der Liturgie übernommen, wie dieselbe Aufforderung in Didache 7,1 zeigt, der ersten christlichen Gemeindeordnung (Ende des 1. Jahrhunderts), deren Abfassung ebenso wie die des Matthäusevangeliums meist in Syrien vermutet wird (s. Anm. 11). Aus diesen beiden Belegen lässt sich schließen, dass der trinitarische Taufbefehl schon vor 100 n. Chr. in Syrien verbreitet war. Die Erscheinungsgeschichte dürfte auf einer vormatthäischen Überlieferung beruhen, wie die Parallelen in 1Kor 15,5 und in der Evangelienüberlieferung nahelegen (Mk 16,14–18; Lk 24,36–49; Joh 20,19–23). Innerhalb des Evangeliums erinnert das Vollmachtswort (Mt 28,18b) an den Lobpreis Jesu, dass ihm alles vom Vater übergeben wurde (Mt 11,27). Die Beistandszusage (Mt 28,20b) nimmt das Versprechen seiner Gegenwart auf, wo zwei oder drei in seinem Namen versammelt sind (Mt 18,20). Mit Ulrich Luz könnte man daher sagen, dass Mt 28,18b–20 zwar kein Logion des Herrn ist, aber doch ein von Matthäus formuliertes „Logion im Herrn".[44]

6.1 Das Vollmachtswort

Die Lutherübersetzung „alle Gewalt" kann heute leicht missverstanden werden. Sie provoziert nicht nur die Abwehr gegen Allmachtsvorstellungen, Weltherrschaftsideen und den Absolutheitsanspruch des Christentums. Sie ist auch anfällig für die Vorwürfe des neuen Atheismus, ein großer Teil von Gewalttaten habe religiöse Ursachen. Vor allem nach dem 11. September 2001, nach dem islamistischen Terroranschlag auf das World-Trade-Center in New York, wurde von Vertretern des „neuen Atheismus" Religion überhaupt als Quelle der Gewalt gegen Nicht- und Andersgläubige diffamiert. Umso wichtiger erscheint es, das Verständnis der Vollmacht Jesu klarzustellen.

Die Vollmacht seiner Lehre zeigt sich schon in der Bergpredigt (Mt 7,29): von den Seligpreisungen der Sanftmütigen, Barmherzigen und Friedfertigen (Mt 5,3 ff.) über die Antithesen mit dem Gebot der Feindesliebe (Mt 5,17 ff.) bis zur Goldenen Regel (Mt 7,12). Sie besteht in der Macht, Sünden zu vergeben (Mt 9,6.8), die eigentlich nur Gott zusteht (vgl. Ps 103,3). Zu ihr gehört auch die Macht, unreine Geister auszutreiben und Krankheiten zu heilen (Mt 10,1). Von der Gewalttätigkeit irdischer Machthaber unterscheidet sich Jesus dadurch, dass seine Vollmacht den Widerspruch der Hohenpriester und Ältesten hervorruft (Mt 21,23–27) und in die Passion führt, d. h. Gewalt nicht zufügt, sondern erleidet. Vor allem hat er diese Macht nicht an sich gerissen, sondern sie wurde ihm gegeben (Mt 28,18b), und zwar von Gott (Passivum divinum): „alles wurde mir von meinem Vater übergeben" (Mt 11,27).

---

44 ULRICH LUZ, Das Evangelium nach Matthäus, EKK I/4, Neukirchen-Vluyn 2002, 436.

Die Vollmacht Jesu besteht daher nicht in der Weltherrschaft über alle Königreiche der Erde, die der Teufel bei der Versuchung verspricht (Mt 4,8), sondern in der Beteiligung an Gottes Herrschaft über den ganzen Kosmos. Diese Übertragung der göttlichen Vollmacht kommt traditionsgeschichtlich aus der Menschensohnvorstellung in Dan 7,13 f. Diese Bevollmächtigung erscheint schon in älteren Hymnen und Bekenntnissen, dass der auferstandene Jesus erhöht (Phil 2,9–11) und als Sohn Gottes „in Macht" eingesetzt wurde (Röm 1,4). Nun sitzt er, wie in Mt 26,64 angekündigt, „zur Rechten" Gottes[45] und hat mit seiner Vollmacht über Himmel und Erde teil an dessen Herrschaft über die ganze Welt. Damit ist eben der Jesus, der vor kurzem geschunden, misshandelt und von Gott verlassen am Kreuz gestorben ist, nun auferstanden und von Gott als universaler Weltenherrscher eingesetzt.

6.2 Der Missionsbefehl

Dass die Macht über die ganze Schöpfung Jesus übergeben wurde, bildet – durch die Folgerungspartikel *oún* angedeutet – die Grundlage für den nun folgenden Missionsauftrag. Das Partizip *poreuthéntes* eröffnet den Befehl: „geht". Es wird oft formelhaft gebraucht, meint hier aber prägnant ein wirkliches Aufbrechen und Hingehen wie in der Aussendungsrede (Mt 10,5 f.). Dann folgt der Hauptsatz: „Macht zu Jüngern alle Völker". Damit handelt es sich um eine Erneuerung der Aussendung, die von Israel (Mt 10,6) nun auf alle Völker (Mt 28,19) ausgeweitet wird.

Durch die Sendung zu allen Völkern wurde die Perikope zu einem zentralen Text für die Völkermission. Zu einem

---

45 Vgl. Röm 8,34; Apg 2,33 f.; Eph 1,20; Hebr 1,3 u. ö.; vgl. auch Ps 110,1 in Mt 22, 44 u. ö.

missionstheologischen Fachterminus für die Tätigkeit unter den Heidenvölkern wurde der Ausdruck „Mission“ jedoch erst im 16. Jahrhundert – nach der Entdeckung Amerikas. Als „Missionsbefehl“ hat dieser Sendungsauftrag seinen Siegeszug freilich erst durch die Missionsgesellschaften der Erweckungsbewegung im 19. Jahrhundert angetreten.[46]

Angesichts dieser kirchengeschichtlichen Bedeutung gilt es nach dem Sinn des Abschnitts im Matthäusevangelium selber zu fragen: Die Elf sollen von Galiläa weggehen und alle Völker „zu Jüngern machen“. *Mathēteúsate* ist der übergeordnete Imperativ, der durch die Partizipien *poreuthéntes, baptízontes* und *didáskontes* erläutert wird: 1. Geht hin, 2. tauft, 3. lehrt. Die Partizipialkonstruktion hat einen modalen Sinn, d. h. sie beschreibt die Art und Weise, wie jemand zu einem Jünger wird, nämlich durch Hingehen, Taufen und Lehren. Damit können wir im Blick auf die Überschrift festhalten, dass der „Taufbefehl“ in eine Reihe gehört mit der Gehaufforderung und dem Lehrauftrag, während der Ausdruck „Missionsbefehl“ das Hauptverb mit dem übergeordneten Auftrag zum Gewinnen neuer Jünger aufnimmt. Insofern trifft die heute gängige Überschrift „Missionsbefehl“ oder „Missionsauftrag“ den Gesamtsinn des Abschnitts besser als der Ausdruck „Taufbefehl“, der nur einen Teilaspekt anspricht.

„Jünger“ ist das zentrale Grundwort für das Kirchenverständnis bei Matthäus. Jünger sind hier nicht nur die Zwölf (Mt 10,1), sondern nun auch alle nachösterlichen Anhängerinnen und Anhänger Jesu. Am Ende sollen die Elf alle Völker zu dem machen, was sie selber schon sind: zu Jüngern (Mt 28,16.18). Ein Jünger (*mathētḗs*) ist nicht nur im wörtlichen Sinne ein „Schüler“, der lernt. Jüngerschaft ist Nachfolge,

---

[46] Vgl. dazu Ulrich Luz, Das Evangelium nach Matthäus, EKK I/4, 444–447.

nicht nur im konkreten Sinne der Weggemeinschaft mit dem irdischen Jesus, sondern zugleich als Umschreibung für eine christliche Lebensweise. Sie bestimmt die gesamte Existenz und bindet das ganze Leben an die Person Jesu. Sie zielt nicht nur auf das Hören der Lehre, sondern schließt das Tun des göttlichen Willens mit ein (Mt 7,21 ff.): „So lasst euer Licht leuchten vor den Leuten, damit sie eure guten Werke sehen und euren Vater im Himmel preisen." (Mt 5,16)

Das Motiv der Jüngerschaft betont die Kontinuität zwischen den ersten und allen späteren Anhängern Jesu. Die Jünger werden zur Keimzelle der entstehenden Kirche, die Jüngerschaft zum Ausdruck für das Christsein. In der Darstellung der Jünger spiegeln sich schon die Lebens- und Glaubenserfahrungen der Christen. Zugleich können die Gläubigen sich an den Jüngern orientieren. Die Zwölf werden zu Identifikationsgestalten für spätere Generationen – bis heute.

Wenn jemand zum Jünger wird, indem er sich taufen lässt, dann wird die Jüngerschaft durch die Taufe begründet. Wer ein Jünger Jesu werden will, lässt sich taufen, und wer getauft wurde, ist durch die Taufe zum Jünger geworden. Damit erhält die Taufe für die Christen eine ähnliche Bedeutung wie die Berufung der ersten Jünger. Bei beiden steht am Anfang nicht ein persönlicher Entschluss, sondern der Ruf bzw. Auftrag Jesu. Die Aufforderung des irdischen Jesus „Auf! [Folgt] mir nach! Und ich werde euch zu Menschenfischern machen!" (Mt 4,19; vgl. 9,9) findet ihre Entsprechung und Fortsetzung im Taufbefehl des Auferstandenen: „Darum geht hin und macht zu Jüngern alle Völker" (Mt 28,19). Berufung und Taufe liegen auf derselben Linie, werden zu einem parallelen Vorgang. Zu Jüngern werden die Anhänger Jesu in seinen Erdentagen durch die Berufung, die er ausspricht (Mt 4,18–22; 9,9–13; 10,1–4), nach Ostern durch die Taufe, die der Auferstandene geboten hat (Mt 28,19). Wie die Jünger sich auf den Ruf Jesu zur Nachfolge eingelassen haben, so sollen nun auch alle Völker den Auftrag Jesu erfüllen, sich taufen lassen, sich seiner Lehre anschließen, die in seiner Verkündigung des Evangeliums vom (Himmel-)Reich besteht (Mt 4,23; 9,35), und seine Gebote halten, die er im Doppelgebot der Liebe zusammengefasst hat (Mt 22,40). In beiden Fällen bleibt Jesus als Berufender und Auftraggeber das eigentlich handelnde Subjekt.

Seine Berufung ist ein Ruf zum Glauben. Der Glaube folgt dem Ruf zur Jüngerschaft. Die Entscheidung zur Taufe wird nicht vom Reifegrad der persönlichen Glaubensgewissheit, -festigkeit oder -stärke abhängig gemacht, sondern aus dem Taufbefehl des Auferstandenen abgeleitet und mit seiner Beistandszusage verbunden. Selbst im engsten Jüngerkreis gibt es nicht nur eine huldigende Anbetung Jesu, sondern auch Zweifel (Mt 28,17) und Kleinglauben (Mt 8,26; 14,31). Besteht der Zweifel aber im Kleinglauben, dann sollte auch beim Taufbegehren der Glaube nicht in Zweifel gezogen, sondern durch die Taufe und das Weitergeben der Lehre Jesu groß gemacht, gestärkt und gefestigt werden. Dass einige Jünger zweifelten (Mt 28,17), hält den Auferstandenen nicht davon ab, ihnen den Taufbefehl zu erteilen. Ihr Zweifel veranlasst ihn vielmehr, sie erst recht seines fortdauernden Beistands zu vergewissern.

Die Sendung zu „allen" Völkern hat ihren Grund in der universalen Heilsbedeutung der Lebenshingabe Jesu „für viele" (Mt 20,28; 26,28).[47] Da der Taufbefehl allen Völkern gilt, bildet die Taufe eine Gemeinsamkeit zwischen allen Christen. Damit ist die Taufe bei Matthäus ein Kennzeichen für die Ge-

---

47 Vgl. Matthias Konradt, Das Evangelium nach Matthäus, NTD 1, Göttingen 2015, 462–465.

meinschaft der Gläubigen unter allen Völkern, d. h. für die Einheit der Kirche (vgl. Eph 4,1–6). Dieser weltweite Horizont der Christenheit ist auch im Kirchenverständnis des Matthäus zu beobachten: Er verwendet als einziger unter den Evangelisten den Terminus „ekklēsía“, und zwar sowohl im Felsenwort an Petrus umfassend für die „Gesamtkirche“ im Sinn einer endzeitlich gesammelten universalen Glaubensgemeinschaft (Mt 16,18) als auch in der Gemeinderede für die konkrete örtliche „Gemeindeversammlung“ (Mt 18,17). Die im Futur formulierte Verheißung Jesu an Petrus, dass er auf diesem Felsen seine Kirche bauen wird (Mt 16,18), verweist schon auf den nachösterlichen Auftrag zur Jüngergewinnung (Mt 28,19). Kirche wird gebaut, indem Menschen aus allen Völkern zu Jüngern gemacht, d. h. in die Nachfolge berufen, erwählt und eingeladen werden. Aber auch hier bleibt Jesus das handelnde Subjekt, er ist der Bauende, der Berufende, der Auftraggeber, die Jünger seine Beauftragten, seine Vermittler, die Gemeinde sein Werk, sein Geschöpf – „meine“ Kirche, wie er zu Petrus sagt (Mt 16,18). Wesentlich für den Missionsauftrag und das Kirchenverständnis bleiben der Tauf- und Lehrauftrag des Auferstandenen sowie sein Beistandsversprechen für alle Zukunft (Mt 28,19 f.). Damit gibt es auch nach dem Matthäusevangelium keine Jüngerschaft, keine Taufe und kein Christsein ohne den Bezug zu Universalkirche und Ortsgemeinde. Man wird getauft in die konkrete Gemeinschaft der Jüngerinnen und Jünger Jesu am Ort, weltweit und zu allen Zeiten.

Beim Taufbefehl im engeren, eigentlichen Sinn wird der rituelle Vollzug nicht ausgeführt, sondern nach der Erzählung der Taufe Jesu als bekannt vorausgesetzt (Mt 3,13–17). Die Taufe Jesu betrifft aber nicht nur dessen Person, sondern ist auch für die Christen von Bedeutung. Denn als Johannes das Taufbegehren Jesu abwehren will, antwortet dieser mit dem Hinweis auf den göttlichen Willen für „uns“: „Lass jetzt! Denn so ziemt es sich für uns, alle Gerechtigkeit zu erfüllen“ (Mt 3,15). Die Taufe Jesu erscheint nicht nur als Erfüllung einer göttlichen Forderung, sondern zugleich auch schon als maßgebliches Modell für die christliche Taufe: „Der Gottes Willen gehorsame Jesus wird zum Ur- und Vorbild der Christen. [...] Sicher folgen die neu gewonnenen Jünger/innen mit ihrer Taufe dem Beispiel Jesu, der sich auch taufen ließ (Mt 3,13–17).“[48] Durch den Taufauftrag wird das Moment des „extra nos“ (außerhalb von uns) betont: Wie bei den Jüngerberufungen (Mt 4,18–22; 9,9–13; 10,1–4) kommt auch beim Taufbefehl (Mt 28,19) der Anstoß von außen, er geht von Jesus aus. Diese externe Begründung wird auch im äußeren Vollzug der Taufe abgebildet: Der Täufling tauft sich nicht selbst, sondern er wird von einem anderen getauft. Er ist passiv, bleibt der Empfangende, der durch den Taufbefehl des Auferstandenen angesprochen wird und die Taufe von einer anderen Person gespendet bekommt. Auch die trinitarische Formulierung des Taufbefehls erinnert an die Taufe Jesu, bei der schon Vater, Sohn und heiliger Geist beteiligt sind: Jesus steht im Zentrum, der Geist kommt wie eine Taube auf ihn herab (Mt 3,16), und eine Himmelsstimme, d. h. Gott, identifiziert ihn als seinen geliebten Sohn (Mt 3,17; vgl. 17,5; 26,63; 27,54). So wirken bereits bei der Taufe Jesu alle drei Personen mit, auf deren Namen die neu gewonnenen Jünger getauft werden sollen (Mt 28,19). Das Anrufen des Namens ist Teil des Taufauftrags und damit Aufgabe der Taufenden, nicht der Täuflinge. Von diesen wird – wie auch bei den Jüngerberufungen (Mt 4,18–22; 9,9–13; 10,1–4) – kein förmliches Bekenntnis ver-

48 Luz, Mt I/1, 52002, 213 sowie I/4, 452.

langt, sondern dass sie sich taufen lassen und die Gebote Jesu halten. Auch für die Täuflinge ist das Tun des göttlichen Willens entscheidend, nicht das Bekenntnis (Mt 7, 21–23), das beim Taufbefehl allenfalls im Niederfallen der Jünger vor dem Auferstandenen angedeutet wird (Mt 28,17). Selbst bei Petrus ist das Bekenntnis (Mt 16,16) nicht die Voraussetzung, sondern eine spätere Konsequenz seiner zuvor erfolgten Berufung und Aussendung (Mt 4,18–20; 10,1 ff.). Nachdem die Taufe ursprünglich „auf Christus" (Röm 6,3; Gal 3,27), d.h. auf seinen Namen vollzogen wurde (vgl. 1Kor 1,13–15), ist die Namensformel im Taufbefehl trinitarisch erweitert „auf den Namen des Vaters und des Sohnes und des heiligen Geistes". Durch die Anrufung dieses Namens (Apg 22,16) unterscheidet sich die christliche Taufe von allen anderen Reinigungsritualen, erst recht von den Waschungsriten anderer Religionen.

Mit dem Taufen ist es freilich nicht getan. Die Taufe ist ein Initiationsritus, aber nicht das alleinige Merkmal des Christseins. Sie ist nicht nur der Anfang der Jüngerschaft, sie bleibt die fortdauernde Grundlage der Gemeinschaft mit dem Auferstandenen. So ist die Taufe von prinzipieller Bedeutung, und zwar im doppelten Wortsinn des lateinischen „principium": Anfang und Grundlage einer christlichen Existenz. Taufbefehl und Taufe dürfen darum nicht isoliert werden, sie verlangen nach einer Fortführung und Vergegenwärtigung im ganzen Leben.

– Das heißt auf Gemeindeebene: Wer die Taufe auf den Namen des dreieinigen Gottes vollzieht, soll den Getauften auch die ganze Lehre Jesu vermitteln.[49] Matthäus hat sie in

49 Vgl. dieselbe Reihenfolge von Taufen und Lehren in Mt 28,19 f. und Apg 2, 38.42.

fünf großen Redekomplexen zusammengestellt (Mt 5–7; 10; 13; 18; 24 f.). Sie besteht aus Geboten (Mt 28,20a) und Zusagen (Mt 28,20b). Vor allem anhand der Bergpredigt lässt sich gut darstellen, worin die Lehre Jesu besteht. Sie spannt den Bogen von den Seligpreisungen, die das Heil zusprechen (Mt 5, 3 ff.), über die Antithesen zur besseren Gerechtigkeit mit dem Gebot der Feindesliebe und – in der Mitte, im Zentrum – das Beten des Vaterunsers (Mt 6,9 ff.) bis zur Goldenen Regel (Mt 7,12).

– Und es bedeutet auf der persönlichen Ebene: Wer die Taufe empfangen hat, ist in die Nachfolge gerufen. Die Taufe ist der Beginn der Jüngerschaft. Sie schließt ein lebenslanges Lernen ein. Dem Hören entspricht das Tun. Was mit der Taufe angefangen hat, bewährt sich in der Nachfolge, im Festhalten an der Lehre Jesu, im gläubigen Vertrauen auf seinen Zuspruch und im Tun des göttlichen Willens.

6.3 Die Beistandszusage

Die Beistandszusage knüpft an das erste Erfüllungszitat aus Jes 7,14 an mit der Verheißung des Immanuel, d. h. übersetzt „Gott mit uns“ (Mt 1,23 f.). Und sie nimmt Jesu Zusage seiner Gegenwart aus der Gemeinderede auf, wo zwei oder drei versammelt sind in seinem Namen (Mt 18,20). Erfahrbar wird diese Gegenwart in der christlichen Gemeinde, die sich im Namen Jesu versammelt (Mt 18,20), auf seinen Namen tauft (Mt 28,19), im Vaterunser um die Heiligung seines Namens bittet (Mt 6,9) und seine Gebote hält (Mt 28,19). Er ist überall dort, wo seine Lehre eingehalten wird in der Verkündigung, in den Sakramenten und in den Taten der Christen. Jesus ist da, wo es die Kirche gibt, die sich in seinem Namen als Gemeinde versammelt und in seinem Sinn Frucht bringt. Diese Zusage gilt „bis an das Ende der Welt“, wenn Jesus auf den

Wolken des Himmels mit großer Kraft und Herrlichkeit kommen wird (Mt 24,30; 26,64).

7. Die Kindertaufe

Zunächst einmal ist faktisch festzuhalten, dass von einer Kindertaufe im Neuen Testament nirgends berichtet wird. Das ist auch gar nicht verwunderlich. Denn das Neue Testament beschreibt die Situation der ersten Gemeinden, und in der ersten Generation war die Taufe eines Erwachsenen unmittelbar nach seiner Bekehrung der Normalfall. Es waren Erwachsene, die zum Glauben kamen und sich taufen ließen, um in die Gemeinden aufgenommen zu werden, wie die Tauferzählungen der Apostelgeschichte zeigen.

Darum wird im Neuen Testament nirgends von einer Kinder- oder Säuglingstaufe berichtet. Wiederholt begegnet jedoch die sogenannte Oikos-Formel (*oíkos* = Haus), die besagt, dass jemand mit seinem ganzen Haus getauft wurde, so beim Hauptmann Kornelius (Apg 10,24.27; 11,14), der Purpurhändlerin Lydia (Apg 16,15) und dem Gefängnisaufseher in Philippi (Apg 16,31–34) sowie dem Synagogenvorsteher Krispus (Apg 18,8) und Stephanas in Korinth (1Kor 1,16).

Damit stellt sich die Frage, wer zum Haus dazugehörte. Die Haustafeln in Kol 3,18–4,1 und Eph 5,21–6,9 zeigen, dass das Haus aus Frauen und Männern, Kindern und Eltern, Sklaven und Herren bestand. Der Oikos, das Haus, war eine Oikonomie, d. h. eine ökonomische Lebenseinheit wie bei uns früher die Großfamilie auf einem Bauernhof oder in einem Handwerksbetrieb, in dem mehrere Generationen mit Knechten und Mägden zusammenlebten. Angesichts dieser sozialen Verhältnisse ist es bei der Oikos-Formel zumal in einer patriarchalen Gesellschaft wenig plausibel, dass bei dem betonten Hinweis auf das „ganze Haus“ (Apg 11,14; 16,31f.; 18,8) gerade die Kinder ausgeschlossen sein sollten. Daher ist die Oikos-Formel ein starkes Indiz, dass bereits in neutestamentlicher Zeit auch Kinder getauft wurden.

Dennoch bleibt einzuräumen, dass das Neue Testament an keiner Stelle eine Kindertaufe erwähnt. Ein erster Hinweis findet sich bei Tertullian (ca. 150–220 n. Chr.; de baptismo 18,5). Dieser möchte die Taufe auf das Erwachsenenalter verschieben, erwähnt aber, dass andere auf das Wort Jesu aus der Kindersegnung verweisen: „Wehret ihnen nicht, zu mir zu kommen“ (Mk 10,14). Daraus hatte Joachim Jeremias gefolgert, dass zur Zeit Tertullians und in den Apostolischen Konstitutionen (4. Jahrhundert) das Kinderevangelium mit der Kindertaufe verbunden wurde.[50] Diese Belege zeigen, dass die Kindertaufe in der Alten Kirche im Allgemeinen offensichtlich nicht als unbiblisch abgelehnt, sondern als eine dem Evangelium angemessene Praxis im Umgang mit Kindern angesehen wurde.

Für eine biblisch begründete Taufpraxis ist nicht die historische Frage entscheidend, ob das Neue Testament einen Beleg für die Kindertaufe bietet. Ausschlaggebend ist vielmehr die theologische Frage, ob die neutestamentlichen Texte eine Kindertaufe verbieten. Nun ist in Röm 6 das Leben im Einflussbereich Christi ebenso wenig eine Altersfrage wie die Aufforderung aus Mt 28, hinzugehen, zu taufen und zu lehren. Diese theologische Erkenntnis ist höher zu veranschlagen als die historisch zutreffende Beobachtung, dass in der ersten Generation des Urchristentums die Bekehrungstaufe eines Erwachsenen der Normalfall war. Die Bekehrungstaufe ist ein historisches Faktum der missionarischen

---

50 Vgl. JOACHIM JEREMIAS, Die Kindertaufe in den ersten vier Jahrhunderten, Göttingen 1958, 61–68.

Anfänge, kein theologisches Ausschließlichkeitskriterium für alle Zeiten. Erwachsenentaufe und Kindertaufe sind vom Neuen Testament her beide möglich. Entscheidend ist der Gabecharakter, der im „extra nos“ (außerhalb von uns) des Todes und der Auferstehung Jesu begründet liegt, im Taufbefehl des Auferstandenen zum Ausdruck kommt und im Vollzug der Taufe durch eine andere Person sichtbar wird. Ist die Taufe aber eine Gabe, die keinen anderen Grund und keine andere Voraussetzung als Gottes Heilstat in Christi Tod und Auferstehung hat, dann kann auch deren Empfang nicht vom Grad der Mündigkeit, Entscheidungsreife oder gar Glaubensgewissheit des Täuflings abhängig gemacht werden. Das gilt auch für behinderte oder demente Personen. Gerade in der Säuglingstaufe kommt die Bedingungslosigkeit der göttlichen Heilszusage unüberbietbar zum Ausdruck. Da bei einer Kindertaufe meist die Geschichte von der Segnung der Kinder durch Jesus als Schriftlesung herangezogen wird (Mk 10,13–16), stellt sich die Frage, ob diese Verwendung legitim ist.

8. Die Kindersegnung (Mk 10,13–16)

Das Verständnis dieser Erzählung ist stark von ihrer Wirkungsgeschichte geprägt. Durch ihre Verwendung im Taufgottesdienst hat sie im Lauf der Kirchengeschichte einen theologischen Stellenwert erhalten, der weit über die Bedeutung dieser Begebenheit im Leben Jesu hinausgeht. Deshalb ist sorgfältig zwischen drei Ebenen zu differenzieren, nämlich zwischen 1. dem ursprünglichen Handeln Jesu, 2. dem Sitz im Leben der Gemeinde zur Abfassungszeit der Evangelien und 3. der späteren kirchlichen Verwendung.[51]

8.1 Die Zeichenhandlung Jesu

Zunächst einmal dürfte es beim Auftreten Jesu einfach um die Erzählung von einer Zeichenhandlung gehen, wie sie von den Propheten geläufig war, d. h. ohne einen liturgischen Bezug. Durch das Herzubringen der Kinder und die abwehrende Reaktion der Jünger wird die Frage nach der Rolle der Kinder aufgeworfen (V. 13). Doch Jesus hält den Jüngern entgegen: „Lasst die Kinder zu mir kommen, hindert sie nicht, denn solchen gehört das Reich Gottes“ (V. 14). Das Verb „hindern“ kommt zwar auch in der Apostelgeschichte im Kontext von Taufen vor und könnte an die Frage nach Taufhindernissen erinnern, wird dort aber nicht für die Zulassungsbedingungen zur Taufe gebraucht (s. Anm. 28). Erst recht in Mk 10,14 wird keinerlei Bezug zur Taufe erkennbar und auch in Mk 9,39 begegnet dieselbe Verbform bei einem Wundertäter nur im Sinne eines Abwehrverbots.

Weit über das Zulassen und Herkommen hinaus hat Jesus die Zugehörigkeit zum Reich Gottes im Sinn. In seiner Nähe wird die Gottesherrschaft erfahrbar. Diese gehört nicht allein den Kindern, sondern „solchen“, die so beschaffen sind (sc. wie die Kinder). Mit dem Amen-Satz (V. 15) lenkt Jesus die Aufmerksamkeit von dem ungehinderten Zugang auf die Einlassbedingungen für das Gottesreich und damit von der Gegenwart auf die Zukunft. Zugleich stellt er die Kinder durch den verallgemeinernden Relativsatz mit konditionalem Nebensinn den Jüngern als Vorbild hin und macht das Eingehen in das Reich Gottes von der Forderung abhängig, wie ein Kind zu werden. Gerade das Empfangen der bedingungslosen Zu-

[51] Vgl. Ulrich Heckel, Der Segen im Neuen Testament. Begriff, Formeln, Gesten. Mit einem praktisch-theologischen Ausblick, WUNT 150, Tübingen 2002, 53–76.

sage erweist die Kinder als hervorragendes Beispiel für die Zugehörigkeit zur Gottesherrschaft. Mit der Segnung durch das Auflegen der Hände demonstriert Jesus zum Abschluss (V. 16), dass die Kinder zum Reich Gottes gehören. Ihre Zugehörigkeit wird nicht an Bedingungen geknüpft, sondern vorbehaltlos zugesprochen. Deshalb wird die Geschichte von der Kindersegnung Jesu gerne als Kinderevangelium bezeichnet. Von dieser ursprünglichen Situation zu unterscheiden ist:

8.2 Das Verständnis zur Abfassungszeit der Evangelien

Hier hat Andreas Lindemann gezeigt, dass auf der Ebene der frühen Gemeinde wohl kaum umstritten war, dass Kinder bei gottesdienstlichen Feiern anwesend sein dürfen, und auch nicht die Frage, ob es für Kinder irgendeinen Unterricht geben dürfte oder ob sie gesegnet werden dürfen.

> „Anlass zu einem Konflikt kann hingegen sehr wohl die Frage gewesen sein, ob Kinder unabhängig von ihrem Alter zur christlichen Gemeinde gehören konnten. Durften sie auf den Namen Jesu getauft werden, oder musste dies im Gegenteil ›verhindert‹ werden? [...] Auf der Ebene der erzählten Welt des Evangeliums geht es um die Einladung und Segnung der Kinder durch Jesus, und dem wird auf der Ebene der erzählenden Gemeinde am ehesten die Zulassung der Kinder zur Taufe entsprechen. Die Eröffnung der Szene (V. 13) verweist offenbar auf eine Neuerung, die heftige Reaktion der Jünger (V. 13b) signalisiert die Ablehnung solcher Bestrebungen. Jesu scharfe Worte in V. 14 und sein in V. 16 geschildertes Verhalten bringen zum Ausdruck, dass die Verheißung der Gottesherrschaft gerade auch den Kindern ›gehört‹, dass der ‚Zugang' zu ihm nicht verhindert und also die Zugehörigkeit zur Gemeinde ihnen nicht verwehrt werden darf. [...] Zwar lässt sich eine *allgemeine* Praxis der Kindertaufe für die beiden ersten Jahrhunderte nicht belegen; aber es gibt, abgesehen von Mk 10,13b, auch keinen Text in dieser Zeit, der die Taufe von Kindern explizit verwirft [...] So wird also die Taufe auch der Kinder beim Wechsel eines

> ‚Hauses' zum Christentum eher die Regel gewesen sein, als dass sie womöglich aus Altersgründen verweigert worden wäre."[52]

Daher ist es auch kein Zufall, dass die Erzählung von der Kindersegnung zur Schriftlesung für die Taufe wurde, als sich infolge von Augustins Erbsündenlehre die Säuglingstaufe als Normalfall durchsetzte. Weil die Kinder als Sünder geboren werden, sollten sie möglichst bald die Vergebung erfahren und durch die Taufe in den heilvollen Einflussbereich Christi in der Kirche aufgenommen werden. Dementsprechend hat Martin Luther die Erzählung von der Segnung der Kinder durch Jesus (Mk 10,13–16) als Schriftlesung in sein Taufbüchlein übernommen.[53]

8.3 Liturgische Kindersegnung

Nun wird zur Entlastung der Diskussion um die Säuglingstaufe immer wieder die Einführung einer liturgischen Kindersegnung gefordert. Seit wann eigentlich?

Erst nach dem Zweiten Weltkrieg wurde die Einführung einer liturgischen Kindersegnung vorgeschlagen als Reaktion auf Karl Barths Kritik an der Kindertaufe. Natürlich wird von den Fürsprechern stets betont, dass die Kindersegnung nicht als Ersatz für die Taufe gedacht ist. Faktisch dürfte es aber doch kein Zufall sein, dass die Forderung nach einer Kindersegnung erst im 20. Jahrhundert nach Barths Polemik gegen die Säuglingstaufe aufkam. Vielfach wird ergänzt, man wolle mit einer solchen Kindersegnung den Eltern entgegenkommen, die doch eigentlich nicht das Heil der Taufe, sondern nur den Segen für ihre Kinder wollten.

---

52 Andreas Lindemann, Kinder in der Welt des frühen Christentums, NTS 56 (2010), 169–190, hier 187 f.

53 Vgl. Kl. Kat., UG 498.

Aber Jesus redet in Mk 10 nicht vom Schutz und der Bewahrung des geschöpflichen Lebens, sondern von der Zugehörigkeit zum Reich Gottes. Damit geht es nach den Worten Jesu aber auch bei der Kindersegnung nicht weniger um die Zugehörigkeit zum Einflussbereich Christi als in den neutestamentlichen Texten zur Taufe der Christen. Daher lässt sich von Mk 10 her keine Begründung ableiten, die es erlauben würde, die Kindersegnung als Ersatzhandlung für eine Taufe anzubieten. Das Angebot einer Kindersegnung anstelle einer Taufe wird nach den Zeugnissen des Neuen Testaments weder dem Verständnis der Taufe noch dem Verständnis des Segens gerecht. Zudem würden die Probleme der kirchlichen Taufpraxis durch die Einführung einer Kindersegnung als Taufersatz nicht gelöst, sondern nur verschoben.

Natürlich können Kinder gesegnet werden. Ja, sie können gar nicht oft genug gesegnet werden, am besten jeden Abend vor dem Schlafengehen. Das wäre gelebtes Priestertum aller Gläubigen im besten Sinne wie es Martin Luther im Kleinen Katechismus den Eltern morgens und abends empfiehlt.[54] Eine Gemeinde kann auch Familiengottesdienste oder Einschulungsgottesdienste mit Kindersegnungen anbieten. Aber was unbedingt vermieden werden sollte, ist der Eindruck einer Taufersatzhandlung, d. h. eine gottesdienstliche Einzelsegnung durch den Pfarrer oder die Pfarrerin mit anschließender Familienfeier, wie es bei einer Taufe und anderen Kasualien üblich ist. Hier sollte jeder Verwechslungsgefahr gewehrt, umso mehr aber für ein Leben aus der Taufe geworben werden.

54 Vgl. Kl. Kat., UG 483–485.

9. Folgerungen für die heutige Taufpraxis

1. Von den ersten Anfängen bis heute hat die Taufe eine zentrale Bedeutung für das Leben der Kirche, der Gemeinden sowie der einzelnen Christinnen und Christen. Als Schriftlesung im Taufgottesdienst dient vor allem der Taufbefehl aus Mt 28,16–20 und die Heilsverheißung für die Getauften aus Mk 16,16.

2. Die redaktionelle Formulierung des *Taufbefehls* durch Matthäus (s. Anm. 44) wurde für die protestantische Theologie zum Problem, da nach reformatorischem Verständnis nur das als Sakrament gefeiert werden darf, was Jesus selber eingesetzt hat. Am göttlichen Auftrag hängt für Luther nicht nur die Legitimität der Taufe, sondern auch ihre seligmachende, heilvolle Wirkung.[55] Die Problematik verschärfte sich angesichts der neuzeitlichen Rückfrage nach dem historischen Jesus noch dadurch, dass der Taufbefehl – anders als die Einsetzung des Abendmahls – nicht auf den irdischen Jesus zurückgeführt, sondern nachösterlich dem Auferstandenen in den Mund gelegt wird. Für Luther war nur die göttliche Einsetzung durch Christus entscheidend – ob diese vom Irdischen oder vom Auferstandenen erfolgte, machte für ihn keinen Unterschied.[56] Die historische Rückfrage hingegen versuchte unter rein historischen Gesichtspunkten die Verkündigung Jesu zu rekonstruieren und antidogmatisch gegen das kirchliche Christusbild auszuspielen, sodass auch die Autorisierung durch einen nachösterlich formulierten Taufbefehl

55 Vgl. Gr. Kat., UG 611–616.

56 Luther konnte die Einsetzung der Taufe in seinem Lied „Christ, unser Herr, zum Jordan kam" auch mit der Taufe Jesu durch Johannes begründen (EG 202,1): „Da wollt er stiften uns ein Bad, zu waschen uns von Sünden […]."

des Auferstandenen an Überzeugungskraft verlor. Doch gilt es zu bedenken, dass gerade bei Matthäus die Lehre des Erhöhten keine andere als die des irdischen Jesus ist (vgl. Mt 28, 20 mit 5,2.19; 7,29 u. ö.), nämlich die Verkündigung des Evangeliums vom (Himmel-)Reich (Mt 4,23; 9,35). So verweist auch der Auferstandene nur auf das, was er in seinen Erdentagen alles zu halten gelehrt (Mt 28,20), in seinen Reden – allen voran der Bergpredigt (Mt 5–7) – ausgeführt und im Doppelgebot der Liebe zusammengefasst hat (Mt 22,40). Der Sendungsauftrag des Auferstandenen (Mt 28,19) erneuert und erweitert die Aussendung der Zwölf (Mt 10,5 f.). Der Ruf zur Jüngerschaft (Mt 28,19) führt fort, was Jesus mit seinen Jüngerberufungen selber praktiziert hat (Mt 4,18–22; 9,9–13; 10,1–4). Und durch die Beistandszusage „mit euch" zu sein alle Tage bis an das Ende der Zeiten (Mt 28,20), bekräftigt der Auferstandene nur, wozu ihn schon die Namensgebung durch das erste Erfüllungszitat von Geburt an bestimmt hat, nämlich Immanuel zu heißen, d. h. Gott mit uns (Mt 1,23). Jesus ist zwar von Johannes dem Täufer getauft worden (Mt 3,13–17), doch hat er die Taufe nach allem, was wir aus der Evangelienüberlieferung wissen, selber nicht praktiziert: „Jesus selber hat nicht getauft, aber seine Jünger" (Joh 4,2). Nach Ostern entfällt die Möglichkeit einer unmittelbaren Berufung durch Jesus.

Dafür wurde von den Anhängern Jesu in nachösterlicher Zeit offensichtlich schon sehr bald dessen Taufe zum Vorbild genommen und erstaunlich rasch zum Initiationsritus für die Aufnahme in die christliche Gemeinde gemacht, um die Gemeinschaft und bleibende Verbundenheit mit Jesus deutlich zu machen. An die Stelle der Berufung durch den irdischen Jesus tritt nun die Taufe, wie sie dieser selber erfahren hat: mit Wasser, zur Begründung der Gotteskindschaft (Gal 3,26 f.; 4,4) und mit dem Empfang des heiligen Geistes

(s. Anm. 9). Da die Glaubenden nicht mehr *durch* Jesus berufen werden können, sollen sie in nachösterlicher Zeit wenigstens *wie* er getauft werden. Darum hat Jesus nach Mt 3,15 bereits bei seiner eigenen Taufe auf den göttlichen Willen für „uns" hingewiesen: „Denn so ziemt es sich für uns, alle Gerechtigkeit zu erfüllen." Damit gilt die Taufe Jesu als Ur- und Vorbild für die Taufe aller Christinnen und Christen. Diese neue Taufpraxis muss sich nach Ostern mit rasanter Geschwindigkeit ausgebreitet haben, wie die Taufe des Paulus und die Tauferzählungen der Apostelgeschichte erkennen lassen. Wer zum Glauben kommt, wird seither durch den Taufbefehl des Auferstandenen weiterhin in die Jüngerschaft gerufen, aber durch die Taufe auf andere Weise als die Jünger in den Erdentagen Jesu. Gerade in diesem fortdauernden Ruf zur Jüngerschaft entspricht der Taufbefehl bei aller redaktionellen Formulierung durch Matthäus doch im Wesentlichen der Lehre des Jesus von Nazareth. Aufs Ganze gesehen begründen neuere protestantische Entwürfe die Sakramentenlehre deshalb nicht mehr formal („biblizistisch") mit der Einsetzung durch Christus (bzw. den „historischen" Jesus), sondern bekräftigen die Verbindung mit der Person Jesu, die durch die Taufe „auf den Namen Christi" bzw. die trinitarisch erweiterte Taufformel zum Ausdruck kommt, die Taufe Jesu zum maßgeblichen Vorbild für die kirchliche Taufpraxis nimmt und das theologische Verständnis aus dem Christusgeschehen in Kreuz und Auferstehung entwickelt (Röm 6, 3–4).[57] So erfolgte die Taufe auch nach dem Taufappell und der

---

57 Vgl. z. B. Gerhard Ebeling, Dogmatik des christlichen Glaubens, Bd. III, Tübingen 1979, 315–318; Wolfhart Pannenberg, Systematische Theologie, Bd. 3, Göttingen 1993, 306–314; Wilfried Härle, Dogmatik, Berlin u. a., ³2007, 541–548; Hans-Martin Barth, Dogmatik. Evangelischer

Anordnung des Petrus (Apg 2,38; 10,48) schon von frühester Zeit an „im Namen Jesu Christi“, d. h. in seinem Auftrag.

3. Die Aufforderung *Geht hin* ist wieder neu zu lernen in einer Zeit, in der die Säuglingstaufe nicht mehr selbstverständlich ist: Geht hin zu den Familien der neugeborenen Kinder und zu den Erwachsenen, die noch nicht getauft sind. Brecht auf, macht euch auf den Weg. Wartet nicht nur ab, bis jemand kommt – oder eben auch nicht.

4. Die grundlegenden Texte des Neuen Testaments betonen die *Heilsbedeutung der Taufe*. Sinn und Bedeutung der Taufe sind nach den Worten des Auferstandenen in Mt 28,19 als Berufung in die Jüngerschaft, als *endzeitlicher Ruf Jesu in die Nachfolge* zu verstehen. Nach Paulus begründet die Taufe die Aufnahme in die *Schicksalsgemeinschaft mit Christus, dem Gekreuzigten und Auferstandenen*. Die Vergebung der Sünden und die Verheißung des ewigen Lebens haben ihren Grund „extra nos“ (außerhalb von uns) im Tod und der Auferstehung Jesu (vgl. Röm 6,3–4 mit 1Kor 15,3b–5). Auch nach Mk 16,16 ist für das Verständnis der Taufe die Verheißung des Heils der entscheidende Gesichtspunkt: „der wird selig werden.“ Ebendiese Verheißung gilt nach dem Zitat aus Joel 3,5 in der Pfingstpredigt des Petrus jedem, der den Namen des Herrn anruft (Apg 2,21), und sie geht dem Taufappell des Petrus zufolge für jeden in Erfüllung, der sich im Namen Jesu Christi taufen lässt zur Vergebung der Sünden (Apg 2,38). Die Rettung kommt von Gott. In der Taufe wird das Heil dem Täufling zugeeignet. Der heilige Geist ist eine göttliche Gabe. Gott ist der Handelnde, der Täufling bleibt der Empfangende, der Beschenkte – bis in die rituelle Gestaltung durch einen

Glaube im Kontext der Weltreligionen, Gütersloh ^{3}2008, 608; Eilert Herms, Systematische Theologie I, Tübingen 2017, 944–953.

Täufer, dessen Person freilich keine besondere Bedeutung erhält. Entscheidend ist der Gabe- bzw. Empfangscharakter, der für Erwachsene und Kinder in gleicher Weise gilt. Heute in unserer postmodernen Erlebnisgesellschaft steht die Kirche mit ihrer Taufpraxis vor neuen Herausforderungen. Doch gerade in einer Zeit, in der der Individualismus große Blüten treibt, bleibt die theologische Einsicht aus Martin Luthers Großem Katechismus von entscheidender Bedeutung: „[M]ein Glaube macht nicht die Taufe, sondern er empfängt die Taufe".[58] Der Glaube ist erforderlich, aber die Gewissheit kommt aus der göttlichen Zusage. Darum ist der Glaube keine Tat, kein Werk des Menschen, auch nicht als persönlicher Bekenntnisakt oder bewusste Entscheidung, sondern er bleibt Gottes Gabe und Werk. In der Taufe gibt es eine objektive Größe, die über allem Individualismus steht. Nicht ich gebe der Taufe ihre Bedeutung, sondern die Taufe verleiht meinem Glauben das Fundament.

5. Die Taufe stiftet *Gemeinschaft*, einerseits durch das Zusammenwachsen mit Christus (Röm 6,5), andererseits durch die *Aufnahme* in die Gemeinschaft der Jünger (Mt 28,16.19; Apg 6,1f.7; 11,26 u. ö.), die Gemeinschaft der Getauften, die Glieder am Leib Christi sind (1Kor 12,12 f.; Gal 3,27 f.; Apg 2,41 u. ö.). Wer zum Glauben kommt, lässt sich taufen, und wer getauft ist, gehört zur Gemeinde. Die Taufe begründet die Mitgliedschaft in der *Kirche*. Die Taufe geschieht im Gottesdienst einer konkreten *Gemeinde* und gibt Anteil an der weltweiten Christenheit. Vollzogen wird die Taufe auf den Namen des dreieinigen Gottes, in dessen Namen die Gemeinde sich zum Gottesdienst versammelt (Mt 18,20; 28,20). Die Anrufung dieses Namens geschieht durch den Täufer beim Vollzug

---

58 Gr. Kat., UG 619.

des Taufakts. Bekräftigt und aktualisiert wird die Gemeinschaft, die in der Taufe beginnt, immer wieder in der Feier des Abendmahls (1Kor 10,16 f.).

6. Da *alle Völker* auf den Namen des dreieinigen Gottes getauft werden sollen (Mt 28,19), begründet die Taufe die Gemeinschaft mit allen Christen. Dementsprechend gilt die „*eine* Taufe“ als Kennzeichen für die Einheit der Kirche (Eph 4,1–6). Eine logische Konsequenz ist die Anerkennung der gültig vollzogenen Taufe als *Sakrament der Einheit in der weltweiten Ökumene*, wie sie in der Magdeburger Erklärung vom 29. April 2007 zum Ausdruck kommt, die eingangs zitiert wurde.

7. Wie die Berufung der Jünger ist auch die Taufe ein *Übereignungsakt* von prinzipieller Bedeutung. Sie ist ein Anfang, ein andauernder Bezugspunkt, der eine verlässliche Grundlage für das ganze Leben bleibt. Sie erfolgt nicht erst, wenn alle Zweifel überwunden sind, sondern sie bildet den Ausgangspunkt für ein weiteres Lernen und Wachsen im Glauben. Als Initiationsritus soll die Taufe heute nicht nur in die Familie, in den Freundeskreis und in die Gesellschaft einführen, sondern vor allem Zugang zu einem Leben mit dem dreieinigen Gott im Sinne Jesu und in der Gemeinschaft Jünger Jesu verschaffen, d. h. konkret in der Gemeinde.

8. Die Taufe verlangt eine *Fortsetzung* im Lehren und Lernen: von Seiten der Gemeinde in der Vermittlung christlicher Inhalte von Kindergarten, Kindergottesdienst und Jungschar über Religions- und Konfirmandenunterricht bis hin zu Glaubenskursen und den Angeboten der Erwachsenenbildung, von Seiten des Täuflings ein lebenslanges Lernen, Festhalten, Bewähren und Bewahren dessen, was Jesus für das Leben in der Nachfolge gelehrt hat und in den Briefen des Neuen Testaments weiter entfaltet wird. Darum spricht Lu-

ther von der „täglichen Taufe, einmal angefangen und immer darin gegangen“ (s. Anm. 39). Dieses lebenslange Lernen ist eine Herausforderung für alle Täuflinge jeden Alters, zwischen Erwachsenen- und Säuglingstaufe besteht hier kein Unterschied. Je früher ein solches Hineinwachsen und Vertrautwerden mit dem Glauben geschieht, desto besser. Familien, Paten und Gemeinden können dabei eine große Hilfe sein. Nicht zuletzt auch in Situationen der Anfechtung und Versuchung, des Zweifels und des Kleinglaubens bedarf es der Ermahnung und Ermutigung, des Zuspruchs und Trostes, der den Glauben und das Gottvertrauen stärkt und festigt.

9. Jede Tauffeier ist eine Form der *Tauferinnerung*, jede Auslegung des Taufbefehls und der anderen Tauftexte verdeutlicht den Gemeindegliedern den Sinn ihrer eigenen Taufe für ihr Christsein und ihre Gemeindezugehörigkeit. Ältere Kinder können ihre Taufkerze mitbringen und erneut angezündet bekommen. Der Tauferinnerung dient auch die Osternachtsfeier oder das Leitmotiv des 6. Sonntags nach Trinitatis. Bei der Tauferinnerung im biblischen Sinne geht es nicht um das subjektive Erinnerungsvermögen an die Erlebnisqualität der eigenen Tauffeier, die Gemeindesituation, die Wassertemperatur, die Farbe der Blumen oder die Musik im Gottesdienst. Sinn jeglicher Tauferinnerung ist es vielmehr, Gottes heilvolles Handeln in der Taufe ins Gedächtnis zu rufen und die grundlegende Bedeutung der Taufe für das ganze Christenleben von neuem bewusst zu machen, d. h. die Getauften ihrer christlichen Existenz zu vergewissern.

10. Der Taufbefehl schließt mit der *Beistandszusage* des Auferstandenen: „Siehe, ich bin bei euch alle Tage bis an der Welt Ende.“ Damit versichert der Auferstandene allen Jüngerinnen und Jüngern seine Gegenwart, seine Hilfe und seinen Beistand für das ganze Leben. Dieser Zuspruch bekräftigt die

Gemeinschaft mit dem Auferstandenen, die mit der Taufe begründet wird, und er vergewissert die Getauften ihrer bleibenden Zugehörigkeit zu Christus. Aus dieser Beistandszusage am Ende des Taufbefehls ergeben sich auch Kriterien für die theologische Bedeutung des *Taufspruchs*, der für jeden Täufling individuell ausgesucht wird und ihn sein Leben lang an den Sinn seiner Taufe erinnern soll. Daher wäre es angemessen, diesen gewiss machenden Zusage-Charakter auch bei der Auswahl der Taufsprüche zu beachten. Außer Beistandsworten bieten sich formgeschichtlich verwandte Gattungen an wie Segenswünsche, Friedensgrüße, Fürchte-dich-nicht-Worte oder Zusagen aus den Abschiedsreden Jesu usw. Auch nach Luthers Verständnis der Taufe als *promissio* (Verheißung, Zusage) müsste der Taufspruch vor allem den Charakter einer Verheißung und Zusage haben.[59]

11. Ein *Kreuzzeichen* auf die Stirn verdeutlicht als Kontaktgestus symbolisch die Zusage des Beistands und versinnbildlicht die Christuszugehörigkeit der Getauften. Beistandswort und Kreuzzeichen verbinden sich zu einer Segenshandlung, wie ja auch im Deutschen das Wort „segnen" von lateinisch „cruce signare" abgeleitet ist: mit dem Kreuz bezeichnen, unter das Kreuz stellen.

12. *Taufe* und *Segen* stehen auch theologisch in einem engen Zusammenhang, da die Einsegnung durch Handauflegung bei der Konfirmation liturgiegeschichtlich aus der Handauflegung bei der Taufe entstanden ist (Apg 8,14–19; 19,1–7; Hebr 6,2). Die Zusammengehörigkeit von Taufe und Konfir-

---

59 Vgl. Ulrich Heckel, „Wasser tut's freilich nicht" – Taufe und Glaube bei Luther, in: Ders. u. a. (Hrsg.), Luther heute. Ausstrahlungen der Wittenberger Reformation (Tübinger Ringvorlesung WS 2016/17, die bei Mohr Siebeck als UTB-Band erscheinen wird).

mation ist auch heute vielen Gemeindegliedern bewusst. Daher kann die Taufe geradezu als „Ur-Segen“ verstanden werden, aus dem analog zur Konfirmation sich auch alle anderen Segenshandlungen systematisch ableiten und liturgisch als Taufgedächtnis, -erinnerung und -vergewisserung entfalten lassen. Eine Tauferinnerung hat den Sinn, den göttlichen Beistand von neuem ins Gedächtnis zu rufen, der bei der Taufe ein für alle Mal zugesprochen wurde (vgl. Mt 28,20). Schon für den Apostel Paulus wird die Gemeinschaft „mit Christus“ (*sýn Christṓ*) durch die Taufe eröffnet (Röm 6,3 f.) und diese neue Existenz „in Christus“ durch den Beistandswunsch im Schluss-„Segen” der Briefe mit einer bedeutungsverwandten Formel bekräftigt: „die Gnade des Herrn Jesus [sei] mit euch [*meth' hymṓn*]“ (Röm 16,20 u. ö.). Nach diesem Modell könnte man nicht nur die Taufe als „Ur-Segen“ verstehen, sondern jede Form von Segenshandlungen, insbesondere bei Kasualien, als eine Form der „Tauferinnerung“ gestalten.[60]

60 Vgl. Ulrich Heckel, Segen, 364. Ders., Gottesdienst und Segen, in: Hans-Joachim Eckstein u. a. (Hrsg.), Kompendium Gottesdienst. Der evangelische Gottesdienst in Geschichte und Gegenwart, UTB 3630, Tübingen 2011, 262–264.

Michael Herbst

Taufe und Katechumenat aus praktisch-theologischer Perspektive

1. Einleitung: Die Taufe als Grund- und Bezugspunkt des Christseins

Die theologische Hochschätzung der Taufe ist ungebrochen. Sie ist nicht nur in neutestamentlicher Zeit „das Primärdatum christlicher Existenz[1], sie ist bis heute der „Grund- und Bezugspunkt des Christseins“[2]. Es gilt zu prüfen, ob dieser theologischen Hochschätzung auch eine praktische Sorgfalt im kirchlichen Leben entspricht. Das ist die Fragestellung dieses Beitrags zur Arbeit im Theologischen Ausschuss der VELKD.

Dabei ist sorgsam auf eine konsistente theologische Argumentation zu achten. Im Blick auf die Taufe gilt: Sie „ist ein diesem konkreten Individuum für seinen individuellen Lebensvollzug zugeeignetes, vorgängiges und unverbrüchliches Heilszeichen, von dem der einzelne Christenmensch herkommt, das er sozusagen im Rücken hat und das über dem Ganzen seines Lebens bis zu dessen Vollendung steht.“[3]

---

1 UDO SCHNELLE, Art. Taufe II. Neues Testament, in: TRE 32, 2001, 663–674, hier 663.

2 CHRISTIAN GRETHLEIN, Grundinformation Kasualien. Kommunikation des Evangeliums an Übergängen des Lebens, Göttingen 2007, 101.

3 Siehe AXT-PISCALAR, 33.

Theologisch wie seelsorglich bedeutsam an dieser Bestimmung der Taufe ist die Vergewisserung, dass die Taufe nicht bloß ein Anfangspunkt ist, sondern verlässlicher Grund- und Bezugspunkt bzw. lebensüberspannende Zusage der Gnade und Treue Gottes:

Die Taufe ist das dem einzelnen Menschen von Gott zugeeignete Heilszeichen, welches er sich im Glauben *an*eignen soll und kann.

Die Taufe ist *vorgängig,* insofern sie unabhängig von Eigenschaften oder Vorleistungen des Getauften gilt.

Die Taufe ist *unverbrüchlich,* das bedeutet *einmalig* in dem Sinne, dass sie weder eine Wiederholung braucht noch verträgt.

Auch das Katechumenat ordnet sich dieser Grundlegung unter: Es ist entweder eine Vorbereitung auf die Taufe, ohne dass dadurch etwa ein bestimmter Bildungsstand zum bedingenden Werk für die Zulassung zur Taufe würde,[4] oder es ist ein Nach-Denken und Nach-Vollziehen der Taufe, ohne dass damit die Taufe „vervollständigt" oder überboten würde. Wer so von der Taufe herkommt und über sie nachdenkt, wächst ja nicht über die Taufe hinaus, sondern tiefer in die Taufe hinein.[5]

Dadurch wird allerdings das Katechumenat[6] nicht beliebig. Die reformatorischen Katechismen etwa waren zum

---

4 Dies ist auch z. B. hinsichtlich der Taufe von Menschen mit geistigen Behinderungen von Bedeutung.

5 Ähnlich auch Wilfried Härle, Bildung auf dem Grund der Taufe, in: Peter Barz/Bernd Schlüter (Hrsg.), Werkbuch Taufe, Gütersloh 2009, 20–29, hier 20 f.

6 Der Begriff leitet sich vom griechischen „κατήχειν" = belehren bzw. unterrichten ab. Der oder das Katechumenat steht für den christlichen Taufunterricht. Ein Katechumene ist ein Taufbewerber.

einen öffentliche Bekenntnisse, zum anderen Hilfen zum persönlichen Glauben der Getauften. Sie stellen so etwas wie „Grundkurse" dar, elementare Handbücher („Enchiridia") des christlichen Glaubens. Dabei geht es nicht allein um die Ansammlung von Wissensbeständen, sondern ebenso um das Verstehen und Ergreifen der elementaren Aussagen des christlichen Glaubens. Die grammatische Struktur, in der Martin Luther den Kleinen Katechismus fasst, zeigt, wie es ihm um die individuelle, vertrauensvolle Aneignung der Glaubensaussagen zu tun ist: „*Ich* glaube, dass Jesus Christus [...] sei *mein* HERR, der mich verlornen und verdammten Menschen erlöset hat [...]."[7] In den Katechismen im Speziellen und im Katechumenat im Allgemeinen geht es also um „die existenzbestimmende Aneignung des Evangeliums im persönlichen Glaubensvollzug"[8]. Die Frage könnte lauten: Wenn der Getaufte die Taufe „im Rücken" hat: Was hat er dann „vor Augen"? Hier gehören „fides quae creditur" und „fides qua creditur" unlöslich zusammen.

„Solchen Glauben zu erlangen"[9], hat die Kirche auch das Katechumenat eingerichtet. Denn der Weg hin zum Glauben wie das Leben im Glauben verlangen nach sorgfältiger Begleitung des Taufbewerbers oder Getauften durch die Kirche,

---

7 Erklärung zum zweiten Artikel des Glaubensbekenntnisses im Kleinen Katechismus, in: Amt der VELKD (Hrsg.), Unser Glaube. Die Bekenntnisschriften der evangelisch-lutherischen Kirche. Ausgabe für die Gemeinde, 6., völlig neu bearbeitete Auflage, Gütersloh 2013 [im Folgenden abgekürzt als UG], 470 f. Hervorhebungen durch den Verfasser.

8 Christine Axt-Piscalar, Einübung ins mündige Christsein. Zur Bedeutung von Luthers Katechismen, in: Dies./Mareile Lasogga (Hrsg.), Dimensionen christlicher Freiheit. Beiträge zur Gegenwartsbedeutung der Theologie Luthers, Leipzig 2015, 45.

9 Nach CA Art. V, UG 49. Vgl. den Wortlaut in: BSLK, 58,2.

vorzüglich durch die örtliche Gemeinde, aber auch durch mehrere Gemeinden in regionaler Kooperation.[10] Diese Feststellung markiert den Ort des Nachdenkens über das Katechumenat. Sie lässt auch nach der gebotenen Sorgfalt der Kirche bzw. der Gemeinden im Umgang mit der Taufe bzw. den Taufbewerbern und Getauften fragen.

2. Wahrnehmen: Die Vielfalt der Taufen in der Kirche

„Als Taufspruch hätte ich gerne: ‚Möge die Macht mit dir sein!'"
(Junger Erwachsener in Greifswald im Taufgespräch)

Die Individualisierung und Pluralisierung der Lebensverhältnisse spiegelt sich auch in einer Fülle verschiedener Tauffeiern im kirchlichen Leben. In Zeiten fast ungebrochener volkskirchlicher Verhältnisse wurden in der Regel nahezu alle evangelischen Neugeborenen in mehr oder weniger großer Nähe zum Geburtstermin von ihren Eltern und Paten zur Taufe gebracht. Damit war in den Gemeinden der Normalfall bereits beschrieben. Dem gegenüber finden wir uns heute einer Fülle von möglichen „Tauf-Konstellationen" ausgesetzt. Diese Fülle, die hier nicht einmal ansatzweise wiedergegeben werden kann, verstärkt die Dringlichkeit der Nachfrage nach dem Katechumenat, aber auch die Komplexität dieses Themas. Nur um einen kleinen Ausschnitt zu zeigen, sei auf einige denkbare Situationen verwiesen:

– Am Ende der Konfirmandenzeit werden zwei der 15 Konfirmanden getauft. Ihre Eltern wollten aus unterschiedlichen Motiven ihren Kindern die Entscheidung über die Taufe, den

---

10 Vgl. KARL-HEINRICH BIERITZ, Liturgik, Berlin u. a. 2004, 572.

Glauben und die Zugehörigkeit zu einer Kirche selbst überlassen.

– In einer Stadtkirche findet in der Osterzeit ein großes Tauf-Fest mit zahlreichen Täuflingen verschiedenen Alters statt. Einige stammen eher aus „prekären" sozialen Verhältnissen und nehmen gerne das Angebot an, dass die Kirchengemeinde nicht nur die Taufe, sondern auch das Fest in ihre Regie (und Finanzierung) nimmt.[11] Für nicht wenige ist es eine erste dichtere Erfahrung mit der Kirche.

– In einer ostdeutschen Kleinstadt lässt sich ein junger Erwachsener taufen. Eltern und Großeltern gehören nicht der Kirche an. Durch den schulischen Religionsunterricht wurden das Interesse und die Neugier des Täuflings geweckt. Für ihn ist das Ja zur Taufe auch ein Schritt aus seiner Herkunftsfamilie heraus. Er distanziert sich damit ja vom „atheistischen Grundkonsens" seines familiären Umfelds.[12]

– Ein iranisches Ehepaar klingelt bei der Pastorin an der Haustür. Das Ehepaar spricht nur gebrochen Deutsch und wenig Englisch. Sie sind erst seit einigen Wochen als Asylsuchende in Deutschland. Im Iran hatten sie Kontakt zu Christen und möchten sich nun taufen lassen.

– Nachdem im evangelischen Kindergarten über die Taufe des kleinen Bruders eines Kindergartenkindes ausführlich gesprochen wurde, möchte ein fünfjähriges Mädchen auch gerne getauft werden. Die Eltern beraten sich mit dem Pfar-

---

[11] Vgl. generell zu dieser Problematik Heinzpeter Hempelmann u. a. (Hrsg.), Handbuch Taufe. Impulse für eine milieusensible Taufpraxis, Kirche und Milieu, Neukirchen-Vluyn 2013, zum Tauf-Fest: 140.

[12] So auch Friedrich Schweitzer, Wenn Erwachsene sich taufen lassen. Religiöse Bildung als Begleitung individueller Glaubenswege, ThBeitr 44 (2013), 12–22, hier: 17.

rer über dieses „Event“, das sie gerne besonders festlich gestaltet wissen möchten. Die Qualität des Gottesdienstes, der Musik, der Raumgestaltung usw. liegt ihnen besonders am Herzen. Sie denken dabei eher an eine eigene Feier als eine Taufhandlung im Rahmen des Sonntagsgottesdienstes.

– In der Großstadt meldet sich ein älteres Ehepaar bei der kreiskirchlichen Wiedereintrittsstelle. Sie möchten gerne, nachdem sie in den 1970er Jahren ausgetreten waren, ihre „Verhältnisse ordnen“ und wieder zur Evangelischen Kirche gehören. Dabei denken Sie an die Kirche als Institution, der sie wieder angehören möchten, nicht aber an die kirchliche Geselligkeit in der örtlichen Kirchengemeinde.[13]

– Ähnliches passiert in einer kleinen Universitätsstadt. Eine junge Wissenschaftlerin hat nach langer Zeit wieder Kontakt zu einer christlichen Gemeinde, nachdem sie zu Beginn des Studiums aus der Kirche ausgetreten war. Aber sie ist sich unsicher: Darf sie hier überhaupt sein, gar dazu gehören? Alles klärt sich, als sie im Gespräch mit dem Pastor hört: „Ja, Sie sind aus der Kirche ausgetreten (und das sollten wir demnächst mal klären), aber Sie konnten gar nicht aus Ihrer Taufe austreten. Gott steht zu seinem Wort. Und Sie sind uns herzlich willkommen.“[14]

– Und das gibt es natürlich auch noch: Ein junges Paar, das nach der Geburt des Kindes geheiratet hat, meldet die kleine

---

13 Vgl. zur entsprechenden Münsteraner Studie EBERHARD HAUSCHILDT, Wiedereintritt in welche Gemeinschaft der Kirche? Was sich von den Wiedereintretenden für eine Praktische Theologie der Kirche lernen lässt, PTh 102 (2013), 27–39.

14 Vgl. auch den Hinweis auf die missionarischen Chancen bei ausgetretenen Getauften im Impulspapier „Kirche der Freiheit“: KIRCHENAMT DER EKD (Hrsg.), Kirche der Freiheit. Perspektiven für die Evangelische Kirche im 21. Jahrhundert. Ein Impulspapier des Rates der EKD, Hannover 2006, 17.

Tochter zur Taufe in der Dorfkirche an. Im Taufgespräch wird deutlich, dass sich die Eltern wünschen, ihr Kind möge zur Kirche gehören, und erhoffen, dass ein göttlicher Segen Schutz und Kraft für ein gelingendes Leben biete. Sie reagieren offen, aber hilflos, als die Pfarrerin danach fragt, wie sie sich die christliche Erziehung ihrer Tochter vorstellen.[15]

– In Süddeutschland will eine Gemeinde das Taufgedächtnis aufwerten und zugleich Menschen die Chance geben, eine Art Echo des Ereignisses zu erleben, das sie gerade nicht erlebt haben: ihrer Taufe als Säuglinge. Also feiert man das Taufgedächtnis am Fluss oder See, taucht die, die teilnehmen möchten, unter, betet und segnet, wiederholt aber nicht die Taufformel: „Ich taufe Dich ...“ Das Bedürfnis etwas zu erleben und der Wunsch der Vergewisserung kreuzen sich in einer Praxis, die in rezeptionsästhetischer Hinsicht allerdings nicht allzu weit von einer „Taufe“ entfernt sein dürfte, so sehr sich die Protagonisten auch mühen, den Unterschied zu benennen.

Jede dieser einzelnen Situationen ist zunächst erfreulich: Menschen bewegen sich mit Interesse und einer gewissen Offenheit auf die Kirche und das Taufgeschehen zu. Die Kernfrage aber lautet: Gibt ihnen die gemeindliche und pastorale Begleitung genügend mit auf den Weg zum bzw. im Glauben? Wenn wir mit Eberhard Winkler[16] die Taufe als Tor zum

---

15 HÄRLE, Bildung, 25, verweist zu Recht darauf, dass hier nicht Unwille regiert, sondern Überforderung: „Vielerorts und in vielen Gesprächen kann man den Eindruck gewinnen, dass junge Eltern durchaus willens sind, ihren Kindern die Begegnung mit der christlichen Glaubensüberzeugung [...] zu ermöglichen, sich dazu aber nicht in der Lage sehen, weil ihnen diese Bildung selbst nicht oder nur ganz rudimentär zuteil geworden ist.“

16 Vgl. EBERHARD WINKLER, Tore zum Leben. Taufe – Konfirmation – Trauung – Bestattung, Neukirchen-Vluyn 1995, 61 f.

Leben und mit dem „Taufbuch“[17] das Leben nach der Taufe als Weg verstehen, muss man fragen, wie Menschen für diesen Weg zugerüstet werden. Natürlich gibt es in aller Regel ein Taufgespräch, hier und da auch Einladungen zu Gesprächsabenden oder Gelegenheiten zum Taufgedächtnis. Einige Anfragen an die gegenwärtig dominante Praxis seien dennoch gestellt, wobei sich die Darstellung auf solche Fragen beschränkt, die mit dem Katechumenat zusammenhängen:

1. Bei der Taufe von Kindern wird den Eltern und Paten das Versprechen einer christlichen Erziehung abgenommen. Es stellt sich aber nicht erst heute die Frage, inwiefern wir den Eltern und Paten „abnehmen“ können, was sie versprechen. Oftmals haben sie selbst nur rudimentäre Kenntnisse und Erfahrungen und sind auch bei besten Absichten mit einer christlichen Erziehung überfordert, die ihren Kindern ein Leben aus der Taufe vorführen und nahelegen soll. Wenn religiöse Kommunikation tatsächlich im Wesentlichen im Nahbereich der engsten Beziehungen stattfindet, wäre eine Unterschätzung dieser Problematik fatal.[18] Welche Unterstützung bekommen Eltern (wie auch Großeltern) und Paten für ihre Aufgabe?

2. Zudem ist eine theologische Engführung nicht zu übersehen. Sie hat mit einer seit der Aufklärung sich verstärken-

---

17 Vgl. Kirchenkanzlei der Evangelischen Kirche der Union (Hrsg.), Taufbuch. Agende für die Evangelische Kirche der Union, Bd. 2, Bielefeld 2000, 20. Dort (26–29) wird auch auf die „Streckung“ des Geschehens hingewiesen, auch auf Möglichkeiten des Taufgedächtnisses, auf Taufkurse für Taufeltern u.v.m.

18 Zur Konzentration der religiösen Kommunikation auf den Nahbereich vgl. EKD, Engagement und Indifferenz. Kirchenmitgliedschaft als soziale Praxis. V. EKD-Erhebung über Kirchenmitgliedschaft, Hannover 2014, 27.

den Deutung der Taufe ausschließlich vom ersten Glaubensartikel her zu tun. Peter Cornehl bringt das Problem auf den Punkt: „Die Taufe wurde in den Zyklus der Amtshandlungen eingegliedert, Ritus und Verkündigung wurden familiarisiert und individualisiert. In den Taufagenden und Taufpredigten der Aufklärungszeit [...] und in der neuprotestantischen liberalen Theologie wurde die Taufe aus dem Sakrament der Grenze und des Kampfes zur freundlichen Feier des Lebensbeginns."[19] Taufe ist nun „vor allem das Fest der christlichen Familie."[20] Weder der Aspekt der rettenden Gnade (zweiter Glaubensartikel) noch der Ruf in die gehorsame Lebensgestalt des Christen (dritter Glaubensartikel) kommen auch nur annähernd gleichwertig zur Geltung.[21] Wie können in der Taufpraxis wieder alle Aspekte der Taufe zur Geltung gebracht werden? Dabei geht es nicht darum, primärreligiös familiale Bedürfnisse zu verurteilen und zu übergehen, wohl aber darum, sie mit den sekundärreligiösen Aspekten der Taufe zusammenzuführen und Letzteren wieder deutlich mehr Gewicht zu geben.[22] Verstehen wir Taufe als eine Art „Ur-Segen", auf den alle folgenden Segenshandlungen aufbauen, sollte der umfassende Gehalt des Taufsegens auch in der Taufhandlung zur Sprache kommen.

3. In früheren, volkskirchlich stabileren Zeiten wurde der Glaube des Einzelnen von seinem kulturellen Umfeld gestützt, da dieses mehrheitlich von Menschen mit einer gewis-

---

19 PETER CORNEHL, Taufpraxis im Umbruch. Nachlese zu einem Artikel, in: PETER BARZ/BERND SCHLÜTER (Hrsg.), Werkbuch Taufe, Gütersloh 2009, 30–41, hier: 32.

20 Ebd.

21 Ähnlich auch wieder: a. a. O., 39.

22 Vgl. CHRISTIAN GRETHLEIN, Grundinformation Kasualien. Kommunikation des Evangeliums an Übergängen des Lebens, Göttingen 2007, 42–52.

sen Verbundenheit zur Kirche getragen wurde. Paul M. Zulehner spricht von „christentümlichen Zeiten“ und von einem kulturell vermittelten (und stabilisierten) Christsein.[23] Je mehr Christen in ihrem Umfeld in die Minderheit geraten und je schwächer die Stützung des Glaubens durch die Kultur wird (etwa durch Medien, Bildungsträger, Peergroups, großfamiliäre Kontexte usw.), desto mehr muss der Glaube „persongestützt“ existieren.[24] Er wird zum Gegenstand der Wahl. Und er sieht sich einem pluralen, teilweise auch glaubenskritischen Umfeld gegenüber. Damit es nun zu einer belastbaren „existenzbestimmenden Aneignung des Evangeliums im persönlichen Glaubensvollzug“[25] kommt, braucht der Getaufte eine „Plausibilitätsstruktur“ (Peter L. Berger) in Gestalt einer kontinuierlichen Sozialform gemeinsamer Glaubenspraxis. Und er braucht eine Förderung seines Glaubens, die ihm hilft, auch angesichts nachlassender kultureller Unterstützung sein Leben im Glauben zu führen. Denn: „Widerständig ist Religion [...] um so eher, je mehr sie [...] in überschaubaren Gemeinschaften gestützt wird. [...] Es wäre [...] gut, gleichsam jetzt schon Überlebensvorrat für durchaus mögliche schlechtere Zeiten zu schaffen, nämlich persönliche Glaubensüberzeugung und die Vernetzung von Überzeugten.“[26] Wie helfen wir Getauften, zuversichtlich auch als Minderheit im Glauben zu leben?

---

23 Paul M. Zulehner, Aufbrechen oder Untergehen. Wie können unsere Gemeinden zukunftsfähig werden?, in: Michael Herbst u. a. (Hrsg.), Missionarische Perspektiven für die Kirche der Zukunft, BEG 1, Neukirchen-Vluyn [3]2008, 17–30, hier: 17 f.

24 Vgl. ebd.

25 Vgl. Anm. 8.

26 Paul M. Zulehner, Pastoraltheologie – Fundamentalpastoral. Kirche zwischen Auftrag und Erwartung, Düsseldorf 1989, 193 f.

4. Die Praktiken der Tauferinnerung stellen vor eine grundsätzliche Frage: Ist die Vergewisserung an das Erleben gebunden bzw. ist sie eingeschränkt durch das mangelnde Erlebthaben der eigenen Taufe? Auch hier zeigt sich ein katechetischer Nachholbedarf: Das Besondere der Säuglingstaufe gerade im Jenseits zu allem Entschiedenen und Erlebten müsste geradezu als Steigerung der Vergewisserung erfasst und ergriffen werden.

5. Die Bemühungen rund um Taufe, Eintritt und Wiedereintritt verraten stets auch eine bestimmte Konzeption von Christsein und Kirchenmitgliedschaft. Eine sehr niedrigschwellige Zulassung zur Taufe und eine nahezu bedingungsfreie Wiederaufnahme von ehemals ausgetretenen Kirchenmitgliedern signalisiert zwar, dass die Kirche offen, zugänglich, freundlich und möglichst barrierefrei sein möchte. Signalisiert wird aber auch eine gewisse Anspruchslosigkeit. Die Kirche scheint zufrieden mit der puren Mitgliedschaft, auch wenn diese im Leben der neu gewonnenen Mitglieder nahezu folgenfrei bleibt. Dabei steht außer Frage, dass Menschen heute sehr sensibel auf Zumutungen reagieren und gerade in Fragen der religiösen Loyalitäten autonom entscheiden möchten.[27] Es geht aber hier zuerst um die Frage, ob sich die Kirche bemüht, im Umfeld von Taufe, Eintritt und Wiedereintritt intensivere Begegnungen mit dem Glauben und den Glaubenden nahezubringen und zum kontinuierlichen Anschluss an Orte anzuregen, an denen das Leben aus der Taufe durch Wort und Sakrament gefördert und erhalten wird. Wie können wir interessierten Menschen mehr bieten als Mitgliedschaft in einer ehrwürdigen Institution?

---

27 Besonders deutlich herausgestellt von WILHELM GRÄB, Predigtlehre. Über religiöse Rede, Göttingen 2013, 169–172.

6. Bei Menschen, die z. B. aus einem konfessionslosen Umfeld stammen und als Erwachsene eine Erstbegegnung mit dem christlichen Glauben erleben, sieht es noch einmal anders aus: Hier ist häufig der Wissensdurst groß und die Bereitschaft stark, sich auf eine (befristete) intensive Vorbereitung auf die Taufe einzulassen. Gerade in Ostdeutschland gibt es darum eine Fülle häufig selbst konzipierter *Kurse zum Glauben*, die der Begleitung von erwachsenen Taufbewerbern dienen. Wie reagieren wir auf die Nullpunktsituation hinsichtlich der Kenntnis des christlichen Glaubens in postatheistischen Kontexten?[28]

Zusammenfassend geht es eben um die bereits gestellte Frage, ob der theologischen Hochschätzung der Taufe auch eine praktische Sorgfalt im Umgang mit Menschen entspricht, die Taufe (und/oder Kirchenmitgliedschaft) begehren.

3. Erinnern: Das Katechumenat in der Geschichte der Kirche

> „Lasst uns lernen [...] dem Christentum gemäß zu leben."
> (Ignatius, An die Magnesier, 10,1)[29]

Mit der Aussendung der Jünger nach Ostern verbindet sich der Auftrag, Menschen in aller Welt für die Nachfolge Jesu zu

[28] Vgl. zum Begriff des Post-Atheismus: Matthias Clausen, Evangelistisch predigen vor Post-Atheisten, in: Ders. u. a. (Hrsg.), Alles auf Anfang. Missionarische Impulse für Kirche in nachkirchlicher Zeit, BEG 19, Neukirchen-Vluyn 2013, 69–85.

[29] Zitiert nach: Bernd Schröder, Religionspädagogik, Neue theologische Grundrisse, Tübingen 2012, 37.

gewinnen, d. h. sie zu taufen *und* zu lehren (Mt 28,18–20). Diese Lehre soll alles umfassen, was Jesus nach dem Bericht des Evangeliums den Jüngern beigebracht hat. Die Reihenfolge verdeutlicht: Die Taufe ist Gabe und gründet in Gottes Gnade und Entschluss. „Wird man durch die Taufe zum Jünger, so ruft die Lehre dazu auf, das in der Taufe Geschenkte nun im Gehorsam gegen die Weisungen Jesu im Alltag des Lebens zu realisieren. [...] Die Taufe führt somit [...] in die Lebens- und Lehrgemeinschaft mit dem auferstandenen Jesus Christus."[30]

Eine in unserem Zusammenhang besonders spannende und ertragreiche Umsetzung dieses Auftrags findet sich um 210 in der „Traditio Apostolica", die Hippolyt zugeschrieben wird und auf eine Praxis des Katechumenats in dieser Zeit verweist.[31] Wesentlich ist der bewusst konterkulturelle Ansatz der Taufvorbereitung in dieser Phase der Kirchengeschichte. Karl-Heinrich Bieritz spricht von der Taufe als einem radikalen Einschnitt im Leben der Taufbewerber, der einem „Austritt" aus der Gesellschaft nahekam.[32] Die Nachfolge Jesu war teuer – und das Leben in der Nachfolge sah anders aus als der Alltag der meisten Mitbürger.[33] „Wer zur Kirche stößt, wech-

---

30 SCHNELLE, Art. Taufe II. Neues Testament, 672. Freilich hätte ich lieber formuliert: „das Geschenkte zu bewähren". Es (überhaupt erst?) zu realisieren, verlagert das Gewicht wieder sehr zum Menschlichen.

31 Vgl. WILHELM GEERLINGS, Traditio Apostolica – Apostolische Überlieferung. Übersetzt und eingeleitet von Wilhelm Geerlings, in: DERS./Georg Schöllgen (Hrsg.), Didache. Zwölf-Apostel-Lehre; Traditio Apostolica. Apostolische Überlieferung, Fontes Christiani, Bd. 1, Freiburg i. Br. 1991, 141–313.

32 Vgl. BIERITZ, Liturgik, 571–574.

33 Ähnlich: CHRISTIAN GRETHLEIN, Christsein lernen – historische, empirische und theologische Einsichten zu einer Kernaufgabe evangelischer

selt seinen kulturellen Habitus"[34], verlässt unter Umständen den Beruf, die Freunde, die Familie und die gewohnte Lebensweise. Er erlernt eine neue Sprache. Konversion erscheint als komplettes „Reframing" des eigenen Lebens.

Das Katechumenat („tempus audiendi verbum") in dieser Zeit bestand aus einer etwa dreijährigen Vorbereitungszeit. Sie ist nicht als reine Wissensschulung zu verstehen, sondern als „Initiation in einen Lebensstil"[35];[36]

Sie beginnt mit einer Überprüfung, ob der Taufbewerber sich eignet (oder z. B. einen mit dem Glauben unvereinbaren Beruf hat). „Sponsores" (Paten) führen den Bewerber der Gemeinde zu („illi qui adduxerunt eos"), bürgen für ihn und begleiten ihn durch die (längere, erste) Phase als Katechumene und die (kürzere, unmittelbar vor der Taufe liegende zweite) Phase als „Photizomene". Der Weg hin zur Taufe umfasst eine Unterweisung in den Grundlagen des christlichen Glaubens, vor allem eine Einübung in einen christlichen Lebensstil und eine allmählich sich steigernde Zulassung zu den liturgischen Feiern. Dazu gehört die feierliche Übergabe von Glau-

---

Gemeinde, in: PETER BARZ/BERND SCHLÜTER (Hrsg.), Werkbuch Taufe, Gütersloh 2009, 42–56, hier: 43.

34 BIERITZ, Liturgik, 572.

35 SCHRÖDER, Religionspädagogik, 37.

36 Das Katechumenat wird an vielen Orten nach der „Traditio Apostolica" (TA 15–20) dargestellt: Vgl. u. a. GEORG KRETSCHMAR, Die Geschichte des Taufgottesdienstes in der alten Kirche in: KARL-FERDINAND MÜLLER/ WALTER BLANKENBURG (Hrsg.), Der Taufgottesdienst, Leiturgia 5, Kassel 1970, 1–348, hier: 86–114; RUDOLF ROOSEN, Taufe lebendig. Taufsymbolik neu verstehen, Hannover 1990; AUGUST JILEK, Die Taufe, in: HANS-CHRISTOPH SCHMIDT-LAUBER/KARL-HEINRICH BIERITZ (Hrsg.), Handbuch der Liturgik, Liturgiewissenschaft in Theologie und Praxis der Kirche, Leipzig u. a. 1995, 294–332; 295–301; BIERITZ, Liturgik, 572–574; GRETHLEIN, Christsein, 43.

bensbekenntnis und Vaterunser. Sie wird durch seelsorglich-exorzistische Elemente ergänzt, kurz vor der Taufe gesteigert durch mehrere Exorzismen, deren letzte der Bischof unter Gebet und Handauflegung vornimmt. Die Absage an die Mächte der Finsternis spielt eine große Rolle. Körperliche Übungen wie das Fasten runden die Vorbereitung ab. In letzten Prüfungen („Scrutinien") wird noch einmal die Ernsthaftigkeit des Begehrens in Augenschein genommen, bis es in der Osternacht zur feierlichen Taufe und ersten Teilnahme an der Eucharistie kommt.

Mit der Konstantinischen Wende lässt die Intensität der Taufvorbereitung freilich immer mehr nach. Es kommt zur massenhaften Aufnahme von Menschen. Viele bleiben aus Furcht vor der Sünde möglichst bis zum Totenbett im Stand des Katechumenen, um sich erst dann taufen zu lassen. Zudem nimmt die Praxis der Säuglingstaufe immer mehr zu. „Seit dem Ende des 4., Anfang des 5. Jahrhunderts hatte sich die Ausgangsvoraussetzung für das Lernen, ein Christ zu sein, dramatisch verändert."[37] In der Reichskirche ist Christsein nicht länger ein Austritt, sondern der Eintritt in das gesellschaftliche Leben. Bürger zu sein und Christ zu sein werden immer stärker kongruent. Dabei verkümmert das Katechumenat immer mehr.[38] Anders gesagt: „Die Taufe verliert ihren katechetischen Kontext."[39]

Hier ist nicht der Raum, um auf alle taufkatechetisch interessanten Phasen der Kirchengeschichte einzugehen.[40] Zu erinnern ist freilich an die Bemühungen in der Reforma-

---

37 Grethlein, Christsein, 43.

38 Vgl. Bieritz, Liturgik, 583 f.

39 Grethlein, Grundinformation, 111.

40 So etwa Augustins Schrift „De catechizandis rudibus"; vgl. Aurelius Augustinus, De catechizandis rudibus, hrsg. v. Gustav Krüger, Samm-

tionszeit, allen voran durch Martin Luther, den Taufunterricht wieder neu in der Christenheit zu verankern.[41] Findet er auch nicht vor der (beharrlich gegen alle Widersacher verteidigten Säuglings-)Taufe statt, so soll man ihn jedenfalls nachholen und zwar in Gestalt des in Kirche und Haus platzierten Katechismus-Unterrichts. Kleiner und Großer Katechismus (1529) sollen das Wesentliche im Glauben leicht verständlich und didaktisch aufbereitet zusammenfassen und durch Hausväter wie Prediger den kleinen wie großen Getauften nahebringen. Speziell auf Kinder bezogen wird Martin Bucer dann Ende der 1530er Jahre den Katechismus-Unterricht mit der Konfirmation verknüpfen.[42]

Ausgangspunkt ist eine von Luther schonungslos und deftig kritisierte Ahnungslosigkeit in allen Fragen des christlichen Glaubens:

> „Diesen Katechismus bzw. die christliche Lehre in eine solch kleine, schlichte, einfache Form zu bringen, hat mich die beklagenswerte, elende Not gezwungen, von der ich neulich erfahren habe, als ich eine Weile als Visitator tätig war. Hilf, lieber Gott, wie oft musste ich schmerzlich feststellen, dass die gewöhnlichen Leute so überaus wenig von der christlichen Lehre wissen, insbesondere auf den Dörfern (und leider sind viele Pfarrer sehr ungeschickt und ungeeignet zum Unterrichten), und doch sollen sie alle Christen heißen, getauft sein und die Sakramente empfangen, können aber weder das Vaterunser noch das Glaubensbekenntnis oder die Zehn Gebote auswendig, leben vielmehr dahin wie das liebe Vieh und wie unvernünftige Säue, aber wo jetzt das Evangelium gekommen ist, haben sie sehr genau gelernt, alle damit verbundenen Freiheiten meisterlich zu missbrauchen."[43]

---

lung ausgewählter kirchen- und dogmengeschichtlicher Quellenschriften als Grundlage für Seminarübungen, Tübingen ³1934.

41 Vgl. ausführlicher Axt-Piscalar, Einübung, zitiert oben in Anm. 8.

42 Vgl. Schröder, Religionspädagogik, 68.

43 Kl. Kat., UG 461.

Es ist somit nicht entscheidend, ob das Katechumenat (wie in der Alten Kirche) vor oder (wie nach dem Konzept der reformatorischen Katechismen) nach der Taufe seinen Ort hat. Wichtig ist aber, dass der Zusammenhang von Taufe und Katechumenat gewahrt bleibt.

4. Deuten: Plädoyer für eine Belebung des Katechumenats

> „Der christliche Glaube ist kein inhaltsleerer Glaube und auch keine Überzeugung, die den Menschen plötzlich überkommt, etwa beim Erleben eines Sonnenuntergangs oder einfach unter dem Apfelbaum." (Friedrich Schweitzer)[44]

In diesem Beitrag können nicht alle Aspekte des Themas beleuchtet werden, aber in der Zusammenschau des bis hierher Zusammengetragenen geht es um ein dezidiertes Plädoyer für eine weitere Belebung des Katechumenats – in einem bestimmten Sinn.

Es wäre naiv, die heutigen spätmodernen und auch spätchristentümlichen Verhältnisse mit denen zur Zeit Hippolyts zu identifizieren. Es wäre ebenso naiv, eine Wiedereinführung des altkirchlichen Katechumenats zu fordern. Gleichwohl kann der Blick zurück Ähnlichkeiten offenlegen und die Inspiration durch das altkirchliche Modell zu eigenen Neuformatierungen des Katechumenats anregen.

Ersteres sieht etwa auch Christian Grethlein: „Die Veränderungen im Taufalter und der Rückgang der Selbstverständlichkeit der Kirchenmitgliedschaft schaffen einen neuen Ausgangspunkt für die Taufpraxis, der in manchem den alt-

---

44 SCHWEITZER, Erwachsene, 15.

kirchlichen Verhältnissen zu ähneln beginnt.“[45] Das bedeutet m. E.: Da die Weitergabe des Glaubens offensichtlich nicht mehr per „Generationenvertrag“ funktioniert, ist es gerade um der Wertschätzung der Taufe willen notwendig, das Katechumenat zu beleben. Die entsprechenden Anlässe wurden ja bereits (unter 2.) benannt. Beunruhigend müssen auch die massiven Abbrüche unter den jüngeren Kirchenmitgliedern sein – trotz aller gemeinde- und religionspädagogischen Anstrengungen –, auf die die 5. Kirchenmitgliedschafts-Untersuchung (KMU) hinweist.[46] „Das katechetische Desiderat der Taufpraxis meldet sich zunehmend dringlicher.“[47]

Letzteres führt m. E. zu einer Verständigung über die Formate und Zielstellungen katechetischer Bemühungen: Sie müssten so „integrativ“ sein wie ihre altkirchlichen Vorbilder, indem sie Aspekte der Lehre mit Fragen der Alltagsbewältigung, mit einer Einübung in Formen des geistlichen Lebens und einer Verknüpfung mit dem gottesdienstlichen Leben der Gemeinde verbinden. Sie müssten die Taufe mit ihrem unbedingten Zuspruch der Gnade Gottes in Jesus Christus ins Zentrum rücken und zugleich ernsthaft zu einem Leben in der Nachfolge rufen. Sie müssten verdeutlichen, inwiefern der Glaube in einer pluralisierten kulturellen Umwelt auch (parallel zur Zeit der ersten Christenheit) ein „Reframing“ bedeutet, eine Neudeutung des Lebens aus der Perspektive des Glaubens, die sich von anderen Lebensperspektiven mindestens partiell unterscheidet. Mit Christus sieht der Getaufte ja nicht nur das „Licht der Welt“ (Joh 8,12), sondern er sieht in diesem Licht *alles* in dieser Welt auf eine

45 GRETHLEIN, Grundinformation, 134.

46 Vgl. EKD, Engagement, 60–72.

47 GRETHLEIN, Grundinformation, 134.

neue Weise.[48] Neue Formate des Katechumenates müssten also ein Ort der Vergewisserung und der Entscheidung sein, unabhängig davon, ob Menschen sich auf dem Weg zur Taufe befinden oder von der Taufe herkommen, egal ob sie als Überzeugte oder Suchende kommen. „Dazu wäre es erforderlich, die gesamte kirchliche Arbeit so zu planen und zu gestalten, dass sie als Lebens- und Bildungsprozess auf die Taufe zu und von der Taufe her verstanden und erlebt werden kann."[49]

In den Kirchen zur DDR-Zeit sprach man von einem durchgängigen Auftrag des „konfirmierenden Handelns". Freilich müssten die Formate solchen Handelns die verschiedenen biographischen Orte ernst nehmen: von Taufbewerbern oder Getauften, die mehr vom Glauben wissen wollen, von neugierigen Konfessionslosen oder ehedem Ausgetretenen, von Eltern, Großeltern und Paten, die Verantwortung für ihre getauften Kinder übernehmen. Außerdem müssten sie milieusensibel sein und für verschiedene soziale, bildungsmäßige, lebensstilbezogene, mentale Gruppen in Kirche und Gesellschaft möglichst barrierefrei zugänglich. Das bedeutet, dass eine Mehrzahl von katechetischen Formaten vonnöten ist. Eine solche Mehrzahl wird nur in einer regionalen Kooperation von Lernorten des Glaubens zu bewältigen sein. Jenseits (mehr oder weniger zwangsweiser) Regionalisierungsprozesse eröffnet sich hier ein Blick auf die kirchliche Region als katechetischer Gestaltungsraum, der möglichst vielen Menschen eine Chance eröffnet, den christlichen Glauben besser und intensiver kennen zu lernen.

---

48 Dies schließt an eine berühmte Formulierung von C. S. Lewis an (vgl. ALISTER MCGRATH, C. S. Lewis, Basel 2014, 268 f.).

49 HÄRLE, Bildung, 21.

5. Handeln: Kurse zum Glauben als vielfältiges Erwachsenen-Katechumenat

> „Die verschiedenen Ansätze müssen heute zusammenwirken in einer Erneuerung des Katechumenats als einer zentralen Dimension gemeindlicher Bildungsverantwortung. Der Weg zum Glauben muss ebenso als Bildungsaufgabe verstanden werden wie das Bleiben und Wachsen im Glauben." (Wolfgang Huber)[50]

Die Formate, in die sich diese Erneuerung des Katechumenats gießen lässt, sind vielfältig – und müssen auch vielfältig sein. Auch hier gibt es keinen „Zauberschlüssel", der jede Tür öffnet. Im Gefälle der hier vorgetragenen Argumentation soll nur ein Beispiel ausgeführt werden, das in den letzten Jahren zunehmend kirchliche Aufmerksamkeit gefunden hat. Bereits seit den 1960er Jahren gab es erste Ansätze eines erneuerten Erwachsenen-Katechumenats durch „Kurse". Die „Projektgruppe Glaubensinformationen" aus dem Umfeld von Helmut Thielicke gehört hierher wie auch erste Glaubenskursformate aus der katholischen wie evangelischen Geistlichen Gemeindeerneuerung.[51] Seit dem Ende der 1980er Jahre haben sich aber *Kurse zum Glauben*[52] immer stärker und vielfältiger als Möglichkeit zur Erneuerung des Katechumenats erwiesen. *Kurse zum Glauben* wie etwa „Christ werden – Christ bleiben"[53] (heute: „Spur 8")[54] oder der ursprünglich

---

50 WOLFGANG HUBER, Kirche in der Zeitenwende. Gesellschaftlicher Wandel und Erneuerung der Kirche, Gütersloh 1998, 295.

51 Vgl. zum Überblick über die Entwicklung: JENS MARTIN SAUTTER, Spiritualität lernen. Glaubenskurse als Einführung in die Gestalt christlichen Glaubens, BEG 2, Neukirchen-Vluyn 2005.

52 Dieser Begriff gilt inzwischen als etabliert und hat ältere Begriffe wie „Grundkurse des Glaubens" oder „Glaubenskurse" ersetzt.

53 Vgl. BURGHARD KRAUSE, Reise ins Land des Glaubens. Christ werden – Christ bleiben, Neukirchen-Vluyn 2000.

aus der Anglikanischen Kirche stammende Emmaus-Kurs[55] haben in zahlreichen Gemeinden großes Interesse gefunden. Eine Kampagne der EKD und der Arbeitsgemeinschaft Missionarische Dienste (AMD) hat sich daraufhin zwischen 2009 und 2014 um eine weitere Verbreitung von *Kursen zum Glauben* bemüht und unter dem Label „Erwachsen glauben" ein Handbuch mit zwölf verschiedenen Kursmodellen aufgelegt.[56]

Hier kann es nicht darum gehen, das Konzept dieser Kampagne oder die Diskussion über Kurse zum Glauben (etwa mit der Evangelischen Erwachsenenbildung) breit vorzustellen.[57] Es reicht hier der Hinweis auf einige gemeinsame Merkmale der meisten Kurse:[58]

– *Kurse zum Glauben* sind im Schnitt auf sechs bis zehn Einheiten befristet, die in Kirchengemeinden und an anderen kirchlichen oder säkularen Orten angeboten werden.

– *Kurse zum Glauben* sollen grundlegende Glaubensinformationen vermitteln. Sie konzentrieren sich ähnlich wie Katechismen auf elementare Themen. Sie gehen in der Regel

---

54 Vgl. AMD (Hrsg.), Erwachsen glauben. Missionarische Bildungsangebote. Grundlagen – Kontexte – Praxis, Gütersloh 2011.

55 Vgl. Michael Herbst, Emmaus – Auf dem Weg des Glaubens. Handbuch. Konzeption – Durchführung – Erfahrungen, Neukirchen-Vluyn ²2006.

56 Vgl. AMD, Erwachsen glauben.

57 Dies leisten eher: Sautter, Spiritualität; Götz Häuser, Einfach vom Glauben reden: Glaubenskurse als zeitgemäße Form der Glaubenslehre für Erwachsene, BEG 12, Neukirchen-Vluyn ²2010; Johannes Zimmermann, Darf Bildung missionarisch sein? Beiträge zum Verhältnis von Bildung und Mission, BEG 16, Neukirchen-Vluyn 2010.

58 Vgl. auch Michael Herbst, Kirchen mit Mission. Beiträge zu Fragen des Gemeindeaufbaus, BEG 20, Neukirchen-Vluyn 2013, 225–236; Jens Monsees/Georg Warnecke, Kurse zum Glauben in Nullpunktsituationen, in: Matthias Clausen (Hrsg.), Alles auf Anfang. Missionarische Impulse in nachkirchlicher Zeit, BEG 19, Neukirchen-Vluyn 2013, 154–185.

davon aus, dass bei mindestens einem Teil der Teilnehmenden die Kenntnis der Grundlagen des christlichen Glaubens nicht oder nur rudimentär vorhanden ist. Sie verstehen sich also eher als eine *erste* Erkundung im „Land des Glaubens". Jens-Martin Sautter hat vier grundlegende Lernfelder solcher Kurse identifiziert: christliche Lehre, die Gemeinde als Lernort, den Alltagsbezug des Glaubens und die Liturgie (als Grundbegriff für diverse Formen des Betens).

– Besonders in Ostdeutschland wählen Gemeinden (wiederum insbesondere in der Taufkatechese) nicht einen der publizierten Kurse wie „Emmaus", „Spur 8" oder „ALPHA", sondern entwickeln die Kursinhalte selbst, häufig im Gespräch mit den Teilnehmenden, deren Fragen und Interessen den Takt angeben sollen.

– *Kurse zum Glauben* verbinden diese Glaubensinformationen mit einem möglichst kommunikativen Setting, in dem die Fragen und Einsichten der Teilnehmenden breiten Raum bekommen müssen. Sie gehen auch in der Regel davon aus, dass bei mindestens einem Teil der Teilnehmenden das Einverständnis im Glauben noch nicht gegeben ist und versuchen, kritische Anfragen an den Glauben respektvoll zu thematisieren und zu bearbeiten.

– *Kurse zum Glauben* verknüpfen außerdem eher „kognitive" Elemente mit einfachen Ausdrucksformen christlicher Frömmigkeit (etwa dem Gebet, dem gemeinsamen Singen, der Stille usw.), die gleichsam auf Probe von den Teilnehmenden „bewohnt" werden können.

– *Kurse zum Glauben* sind in der Regel Teil einer Konzeption der Gemeindeentwicklung. Sie werden häufig von Teams haupt- und ehrenamtlich Mitarbeitender verantwortet und gestaltet. Es bedarf einer klaren Entscheidung: Die Kurse sind befristet und das Kursmaterial ist in der Regel gut aufbereitet, aber die Durchführung solcher Kurse ist aufwendig, kostet viel Kraft und Zeit und bedarf daher einer klaren Priorisierung (um den Preis, anderes auf Zeit auszusetzen oder zurückzustellen). Dazu kommt, dass erst durch ein *regelmäßiges* Angebot ein dauerhafter Effekt erzielt werden kann. *Kurse zum Glauben* werden oft mit dem gottesdienstlichen Leben verbunden (z. B. durch einen gemeindlichen Abschlussgottesdienst). Und sie bieten in der Regel nach Abschluss des Kurses Fortsetzungen an: Vertiefungsseminare, Hauskreise, Möglichkeiten ehrenamtlichen Engagements.

– *Kurse zum Glauben* schließen oft ein Angebot ein, eine eigene Antwort auf das Erlebte zu inszenieren, z. B. durch Teilnahme an einer Abendmahlsfeier, ein gemeinsames Gebet, das Wahrnehmen der Möglichkeit zur Tauferinnerung oder zu einer persönlichen Segnung. Gleichwohl werden diese „konfirmierenden" Elemente der Kurse behutsam und fast „defensiv" angeboten, um keinen Druck auf die Teilnehmenden auszuüben. Es gilt auch als Teil des „Abkommens", dass es keinerlei Verpflichtungen über den Kurs hinaus für die Teilnehmenden gibt. Häufig zeigen diese aber nach dem Kurs Interesse an Fortsetzungen und bleibendem Kontakt.

– *Kurse zum Glauben* sind für viele Menschen eine wichtige Hilfe in Glaubensfragen, aber nicht für alle. Wer nicht gerne in Gruppen zusammenkommt, keine Freude an Diskussionen hat oder den Glauben weniger „über den Kopf" entdeckt, tut sich mit Kursen zum Glauben eher schwer.[59] Auch sind die vorhandenen Kurse nicht für alle Milieus in der Gesellschaft geeignet. Bemühungen um einen milieusensi-

59 Vgl. schon JOHN FINNEY, Wie Gemeinde über sich hinauswächst. Zukunftsfähig evangelisieren im 21. Jahrhundert, BEG-Praxis, Neukirchen-Vluyn 2007, 103–105.

blen Einsatz von Kursen (etwa mit pluralen Angeboten in der Region) stecken noch in den Anfängen.[60]

– Erste Evaluationen von *Kursen zum Glauben* am Ende der EKD-Kampagne zeigen ein interessantes Ergebnis:[61] Die Kurse erreichen fernstehende Menschen (etwa 30 % der Teilnehmenden), aber in noch deutlich höherem Maß nehmen kirchennahe Menschen dieses Angebot wahr (etwa 70 %). Es gibt offenbar mitten in der gottesdienstlichen Gemeinde und unter ehrenamtlich Mitarbeitenden ein vitales Bedürfnis nach Information, Einübung, Vergewisserung und Gemeinschaft. Wenn es gut geht, motiviert das Teilnehmende, auch andere zum nächsten angebotenen Kurs einzuladen.

Die Ziele, die die Kampagne verfolgte, sind ehrgeizig: Das Angebot von *Kursen zum Glauben* soll in der Evangelischen Kirche so selbstverständlich werden wie die Konfirmandenarbeit. Und jeder soll im Umkreis von maximal 25 Kilometern einen passenden Kurs finden.

Für unseren Zusammenhang lautet die Frage aber: Können Kurse zum Glauben die von Wolfgang Huber geforderte „Erneuerung des Katechumenats" mindestens teilweise leisten und damit Menschen in der gewünschten Weise auf die Taufe vorbereiten oder in der Taufe so vergewissern, dass sich (*ubi et quando visum est Deo*) „die existenzbestimmende An-

---

60 Vgl. AMD/EKD-Zentrum Mission in der Region (Hrsg.), Aufbruch in die Lebenswelten. Milieusensibles Marketing für Kurse zum Glauben in der Modellregion Heidelberg/Ladenburg-Weinheim. Projektabschlussbericht, Berlin u. a. 2012.

61 Vgl. die Zusammenfassung bei: JENS MONSEES u. a., Und die Gemeinden? Kurse zum Glauben und ihre Bedeutung für Veränderungen in Gemeinden, PrTh 43 (2013), 213–222. Vgl. aber: DERS. u. a., Kurs halten. Erfahrungen von Gemeinden und Einzelnen mit Kursen zum Glauben, BEG-Praxis, Neukirchen-Vluyn 2015.

eignung des Evangeliums im persönlichen Glaubensvollzug"[62] ereignet?

Die Erfahrungen der letzten 25 Jahre sind in dieser Hinsicht jedenfalls ermutigend. Peter Barz meint gar: „Der alte Katechismusunterricht als Taufunterweisung erlebt eine Renaissance."[63] Betrachtet man nun noch einmal die oben dargestellte Vielfalt von Tauffeiern und die genannten Problemzonen kirchlicher Taufpraxis, so besteht Anlass zur Hoffnung, dass *Kurse zum Glauben* als Variante des Katechumenats einer Kirche, die die Taufe hochschätzt, auch hinsichtlich einer sorgfältigen Praxis im Umfeld der Taufe weiterhelfen können:

– *Kurse zum Glauben* bewähren sich als Taufvorbereitung: Die zeitliche Befristung und inhaltliche Fokussierung auf Elementares sind in dieser Hinsicht hilfreich; das Gespräch in der Gruppe eröffnet mehr Kommunikationsmöglichkeiten als das reine Einzelgespräch mit Pfarrer oder Pfarrerin.

– Taufvorbereitung kann sich hier sowohl auf die eigene Taufe beziehen wie auf die Taufe eines Kindes, eines Paten- oder Enkelkindes. Der Gewinn für die Sprachfähigkeit im Glauben dürfte beträchtlich sein. Freilich sollte es Kurse geben, die die familiäre Lage in den Blick nehmen und Antwort auf die Frage geben: Wie geht es zu, dass wir *gemeinsam* „Kinder würden und das ABC zu lernen anfingen"[64]?

– Ebenso bewähren sich *Kurse zum Glauben* als Möglichkeit für Menschen, deren Glaubensweg abgebrochen war oder

62 AXT-PISCALAR, Einübung, 45.

63 PETER BARZ, Taufe und Gemeindeentwicklung, in: PETER BARZ/BERND SCHLÜTER, Werkbuch Taufe, Gütersloh 2009, 57–69, hier 62.

64 Aus Luthers Vorrede zum Großen Katechismus, UG 507.

die nie so recht einen Zugang zum Glauben gefunden hatten. Nicht selten sind es biographische Umbrüche oder Erfahrungen von Kontingenz, die sie motivieren, wenigstens auf Zeit dem Glaubensthema (wieder) eine Chance zu geben.

– Das kann auch Menschen betreffen, die wieder in die Kirche eintreten wollen, und die die – vielleicht für sie überraschende – Erfahrung machen, dass die Kirche ihren Wunsch, aber auch sich selbst so ernst nimmt, dass sie mit dem herzlich willkommenen Rückkehrer in ein solides Glaubensgespräch eintritt, bevor es zur erneuten Aufnahme kommt.

Ebenso fruchtbar ist nun aber auch eine Umkehrung der Perspektive: Von einer lutherischen Theologie der Taufe her lassen sich nun auch die vorhandenen und noch zu entwickelnden *Kurse zum Glauben* betrachten. Sollen sie wirklich eine größere Rolle in der Kirche als Teil eines erneuerten Katechumenats spielen, dann müssen sie inhaltlich auch auf die Taufe bezogen sein. Dieser Bezug kann sich als Einladung zur und als Vorbereitung der Taufe darstellen. Über die Taufe zu sprechen, müsste dann auch zentraler Inhalt des Kurses sein. Die Tauffeier mit der Gemeinde wäre dann der feierliche Abschluss. Oder aber getaufte Teilnehmende erführen erstmals oder erneut, was in ihrem Leben bereits geschehen ist. Der erstmalige oder erneute Zugang zum Glauben wäre dann nicht einer „freischwebenden Entscheidung“ verdankt, sondern einem *reditus ad baptismum*. Dieser könnte sich dann auch als feierliche Tauferinnerung z. B. am Taufstein unter Gebet und Segen ereignen. In beiden Fällen wäre die Glaubensinformation tauftheologisch fundiert. Der Bezug auf das persönlich zugeeignete Heilszeichen würde den Glauben nicht im mehr oder weniger schwankenden Gefühlshaushalt beheimaten, sondern „extra me“ in der Zusage des Evangeliums von Jesus Christus.

Zurzeit kann man feststellen, dass unter den am meisten verbreiteten *Kursen zum Glauben* einige diesen deutlichen Bezug zur Taufe haben, während andere die Taufe kaum oder gar nicht thematisieren.[65] Es wäre es ein lohnendes Unterfangen, weitere taufbezogene *Kurse zum Glauben* zu entwickeln, die mit der Bibel vertraut machen (*sola scriptura*), Christus bezeugen (*solus Christus*), zum Glauben rufen (*sola fide*) und diesen Glauben in der Gnade verankern (*sola gratia*).

6. Schluss

Die Taufe ist nicht nur ein Anfang, der dummerweise von vielen nicht bewusst erlebt wurde oder in der Erinnerung allmählich verblasst. Sie ist vielmehr Grund und Bezugspunkt des Christseins, weil und insofern sie unser Vertrauen in Christus verankert. Daran haben wir als Getaufte ein Leben lang zu lernen. Das Katechumenat ist offenbar eine lebenslange Schule:

> „Ich bin auch ein Doktor und Prediger, wenigstens so gelehrt und erfahren, wie alle diejenigen sein mögen, [...] und muss noch täglich dazu lesen und studieren. Dennoch beherrsche ich den Stoff nicht so, wie ich gerne wollte, und muss ein Kind und Schüler des Katechismus bleiben, und ich bleibe es auch gern."[66]

---

65 Vgl. AMD (Hrsg.), Spur 8. Entdeckungen im Land des Glaubens, Neukirchen-Vluyn 2010, 223–243. Im Kurs „Spur 8" wird in der sechsten Kurseinheit vorgeführt, wie die persönliche Hinwendung zum Glauben an die Taufe als äußeres Heilszeichen der bedingungslos zugeeigneten, vorgängigen und unverbrüchlichen Gnade Gottes zurückgebunden werden kann.

66 Dieses Zitat verdanke ich: Schweitzer, Erwachsene, 22. Das Original findet sich in: Gr. Kat., UG 506.

Heinrich de Wall

Zu aktuellen Fragen des kirchlichen Mitgliedschaftsrechts

Im Zusammenhang mit dem Jahr der Taufe 2011 sind konkrete Zweifelsfragen zur Kirchenmitgliedschaft und zur Bedeutung der Taufe für die Kirchenmitgliedschaft aufgeworfen worden. So soll unklar sein, ob eine Mitgliedschaft nur in einer Kirchengemeinde, nicht aber der Landeskirche, rechtlich möglich ist. Auch besteht Unsicherheit, wie die Taufe durch sog. freie Taufanbieter zu bewerten ist. Daneben wird auch diskutiert, ob alternative Formen der Partizipation am Leben der Kirche neben der Vollmitgliedschaft eingeführt werden sollen. Dies gibt Anlass, die Grundlagen des kirchlichen Mitgliedschaftsrechts zusammenzufassen und daraufhin die aufgeworfenen Rechtsfragen zu beantworten.

1. Gliedschaft und Mitgliedschaft

„Der Begriff der Kirchenmitgliedschaft geht auf die neutestamentliche Bezeichnung der Christinnen und Christen als ‚Glieder am Leib Christi' zurück (1Kor 12,27)"[1], so formulieren

---

[1] VELKD, Leitlinien des kirchlichen Lebens der Vereinigten Evangelisch-Lutherischen Kirche Deutschlands (VELKD). Handreichung für eine kirchliche Lebensordnung, Gütersloh 2003, 97.

es die *Leitlinien des kirchlichen Lebens* der VELKD. Damit werden zwei unterschiedliche Begriffe aufeinander bezogen, der der Gliedschaft und der der Mitgliedschaft. Beide Begriffe meinen Unterschiedliches. Die „Kirchen*glied*schaft" bezeichnet die auf die Taufe gegründete Zugehörigkeit zur Kirche Jesu Christi im Sinne der einen wahren Kirche des dritten Glaubensartikels. Sie ist eine geistliche Beziehung und rechtlicher Regelung unzugänglich. Dagegen ist die *Mitglied*schaft die Zugehörigkeit zu einem konkreten, rechtlich organisierten Kirchenwesen, etwa einer deutschen evangelischen Landeskirche. Diese ist, wie die Mitgliedschaft zu anderen Vereinigungen, eine rechtlich geregelte Beziehung, ein Rechtsverhältnis.

2. Das kirchliche Mitgliedschaftsrecht als Gegenstand kirchenrechtlicher und staatskirchenrechtlicher Regelungen

Die Regelungen der Voraussetzungen der Mitgliedschaft, ihren Erwerb und Verlust sowie die aus ihr folgenden Rechte und Pflichten sind – staatskirchenrechtlich gesehen – eigene Angelegenheiten der Kirchen und damit gemäß Art. 137 Abs.3 WRV i. V. m. Art. 140 GG Gegenstände ihres Selbstbestimmungsrechtes „innerhalb der Schranken des für alle geltenden Gesetzes". Die Mitgliedschaft in einer Kirche oder anderen Religionsgemeinschaft hat konkrete, auch für den allgemeinen Rechtsverkehr relevante Folgen für das Mitglied, etwa in Form der finanziellen Beitragspflicht. In der Rechtsprechung der staatlichen Gerichte wird daher betont, dass der Staat die Mitgliedschaftsregeln der Religionsgemeinschaften nur dann akzeptieren kann, wenn dadurch niemand ohne Rücksicht auf seinen Willen als Mitglied einer Religionsgemeinschaft in Anspruch genommen wird. Der Staat muss darüber hinaus im Interesse der negativen Religionsfreiheit dafür Sorge tragen, dass sich der Einzelne von den weltlichen Folgen der Kirchenmitgliedschaft lösen kann. Dies ist Hintergrund der staatlichen Regelung des Kirchenaustrittsrechtes in der Bundesrepublik durch Ländergesetze, das bezeichnenderweise zum Teil in den Kirchensteuergesetzen enthalten ist. Sie begrenzen insofern das kirchliche Mitgliedschaftsrecht als „für alle geltende Gesetze" (Art. 137 Abs. 1 WRV i. V. m. Art. 140 GG).

Das Recht der Kirchenmitgliedschaft ist daher in Deutschland sowohl durch kirchliche als auch zum Teil, soweit es um den Austritt mit Wirkung für den staatlichen Rechtskreis geht, durch staatliche Gesetze geregelt.

Das Recht der Mitgliedschaft in den evangelischen Landeskirchen Deutschlands gehört zu den Materien, die im Kern für alle Landeskirchen einheitlich in einem Gesetz der EKD geregelt sind, nämlich dem Kirchengesetz der EKD über die Kirchenmitgliedschaft, das kirchliche Meldewesen und den Schutz der Daten der Kirchenmitglieder vom 10. November 1976 (KMitglG EKD). Dieses Gesetz enthält freilich Vorbehalte zugunsten des Rechtes der Gliedkirchen. Dementsprechend existieren auch landeskirchliche Regelungen zum Mitgliedschaftsrecht, die die vom KMitglG EKD freigelassenen Lücken ausfüllen, und zwar sowohl in Form von Kirchengesetzen als auch durch Vereinbarungen zwischen Landeskirchen. Auch die Verfassungen der Landeskirchen enthalten Regelungen über die Mitgliedschaft (s. z. B. Art. 9 KVerf Bay).

3. Grundsätze: Taufe – Wohnsitz – Bekenntnis

Die grundsätzlichen Voraussetzungen der Mitgliedschaft in den evangelischen Landeskirchen regelt § 1 KMitglG EKD:

> (1) Innerhalb der Evangelischen Kirche in Deutschland sind Kirchenmitglieder die getauften evangelischen Christen, die ihren Wohnsitz oder gewöhnlichen Aufenthalt im Bereich einer Gliedkirche der Evangelischen Kirche in Deutschland haben, es sei denn, dass sie einer anderen evangelischen Kirche oder Religionsgemeinschaft angehören.
> (2) Die Kirchenmitgliedschaft besteht zur Kirchengemeinde und zur Gliedkirche des Wohnsitzes des Kirchenmitglieds. Das Recht der Gliedkirchen kann bestimmen, dass die Kirchenmitgliedschaft unter besonderen Voraussetzungen auch zu einer anderen Kirchengemeinde begründet wird.

Sie lassen sich in den drei im Gesetzestext enthaltenen Merkmalen zusammenfassen: „Taufe, Wohnsitz, Bekenntnis". Da die Taufe allen christlichen Kirchen gemeinsam ist, ist es nur folgerichtig, dass die in einer Kirche gültig vollzogene Taufe „in Deutschland mittlerweile grundsätzlich auch in anderen Kirchen anerkannt wird.[2]

Als allen christlichen Kirchen gemeinsames Merkmal kann die Taufe allein – solange es bekenntnismäßig und territorial unterschiedene Kirchentümer gibt – die rechtliche Mitgliedschaft in einer solchen partikularen Kirche nicht begründen. Dazu treten daher Bekenntnis und Wohnsitz. Die Voraussetzung des Bekenntnisses ist in dem Merkmal „evangelische" Christen enthalten. Nur der Christ evangelischen

---

2 Siehe die Vereinbarung der Kirchen (Magdeburger Erklärung) vom 29. 4.2007, online zugänglich unter: http://www.ekd.de/presse/pm86—2007—wechselseitige—taufanerkennung.html. Zitiert im Beitrag von NITSCHE, 168, Anm. 24.

Bekenntnisses ist Mitglied einer Kirche der EKD. Die Zugehörigkeit zu einer der territorial unterschiedenen Kirchen wird durch den Wohnsitz oder gewöhnlichen Aufenthalt im Bereich einer Gliedkirche der EKD definiert. Als negatives Merkmal statuiert § 1 Abs. 1 KMitglG EKD, dass der Betreffende nicht einer anderen evangelischen Kirche oder Religionsgemeinschaft angehören darf.

Das Mitgliedschaftsverhältnis besteht nach § 1 Abs. 2 KMitglG EKD sowohl zur (lokalen) Kirchengemeinde als auch zur Gliedkirche des Wohnsitzes. Damit ist die Frage nach dem Verhältnis der Kirchengemeinden zu den Landeskirchen für das kirchliche Mitgliedschaftsrecht ohne Belang.

4. Der Erwerb der Mitgliedschaft durch die Taufe

Die Grundvoraussetzungen der Kirchenmitgliedschaft werden in §§ 6 ff. KMitglG EKD und den ergänzenden landeskirchlichen Vorschriften im Hinblick auf Erwerb und Verlust der Kirchenmitgliedschaft näher konkretisiert. Das Gesetz unterscheidet den Erwerb durch *Taufe,* durch *Aufnahme, Wiederaufnahme* und durch *Übertritt.* Geregelt wird ferner die mitgliedschaftsrechtliche Behandlung des Wohnsitzwechsels sowie des Zuzuges Evangelischer aus dem Ausland. Im aktuellen Zusammenhang geht es vor allem um den Erwerb der Mitgliedschaft durch Taufe.

4.1 Taufe in einer Kirchengemeinde, die einer Gliedkirche der EKD angehört

Die Kirchenmitgliedschaft wird nach § 6 Abs. 1 KMitglG EKD durch die Taufe in einer Kirchengemeinde erworben, die einer Gliedkirche der EKD angehört. Die Voraussetzungen der

Taufe sind im KMitglG EKD nicht näher geregelt. Dazu enthalten zum Teil die kirchlichen Lebensordnungen Aussagen, die darüber hinaus auch einige rechtliche Voraussetzungen der Taufe benennen.

So wird festgestellt, dass die Taufe eines religionsunmündigen Kindes nicht gegen den Willen der Eltern oder eines Sorgeberechtigten erfolgt. Damit wird auch durch das kirchliche Recht sichergestellt, dass eine Mitgliedschaft, wie es das staatliche Recht fordert, nicht ohne Rücksicht auf den Willen des Betroffenen begründet wird. In diesem Zusammenhang ist darauf hinzuweisen, dass die Kindertaufe rechtlich unproblematisch ist. Denn wie allgemein im Rechtsverkehr wird der Minderjährige durch die Erziehungsberechtigten, in der Regel also die Eltern, vertreten, so dass insofern auf deren Willen abzustellen ist. Mit Erreichen der Religionsmündigkeit nach § 5 RKEG entscheidet das Kind selbst.

Angesichts der im aktuellen Zusammenhang aufgetretenen Zweifel ist festzuhalten, dass bei einer Taufe in einer Kirchengemeinde, die einer Gliedkirche der EKD angehört, der Erwerb der Kirchenmitgliedschaft mit allen rechtlichen Konsequenzen nach § 6 Abs. 1 KMitglG EKD kraft Gesetzes eintritt, ohne dass es dazu zusätzlicher Erklärungen bedürfte. Umgekehrt sind auch einschränkende Erklärungen oder Vorbehalte ohne Belang. Die mitgliedschaftsrechtlichen Wirkungen der Taufe können durch die Beteiligten nicht dadurch verhindert oder unterlaufen werden, dass der Taufe nur die Wirkung zugesprochen wird, in den Leib Jesu Christi eingegliedert zu werden, ohne die Mitgliedschaft in der Kirchengemeinde und in der Landeskirche zu begründen. Auch eine Beschränkung auf die Mitgliedschaft in der Kirchengemeinde ist rechtlich nicht möglich.

4.2 Taufen außerhalb einer Kirchengemeinde, die einer Gliedkirche der EKD angehört

Eine ganz andere Frage ist, wie die Taufe außerhalb einer Kirchengemeinde, die einer Gliedkirche der EKD angehört, zu bewerten ist – beispielsweise die Taufe in einer anderskonfessionellen Kirche bzw. Kirchengemeinde – oder bei einem freien Taufanbieter.

Dabei wird hier vorausgesetzt, dass die Taufe in der anderskonfessionellen Kirche oder bei dem freien Taufanbieter durch die Kirchen der EKD als Taufe anerkannt ist. Soweit es sich um eine der Kirchen handelt, die von der „Magdeburger Erklärung“ oder durch andere Akte der Taufanerkennung umfasst sind, ist das der Fall. Im Übrigen sind die Kriterien für die Anerkennungsfähigkeit einer Taufe nicht allgemein durch Rechtsnormen vorgegeben. Unter welchen Voraussetzungen eine Taufe anzuerkennen ist, muss aufgrund theologischer Kriterien bestimmt werden. Soweit die Taufe nicht anerkannt werden kann, handelt es sich nicht um eine Taufe im Sinne des KMitglG EKD. In diesem Fall kann die Kirchenmitgliedschaft originär gem. § 6 Abs. 1 KMitglG EKD durch Taufe in einer Gemeinde erworben werden, die einer Gliedkirche der EKD angehört.

Im Übrigen ist bei den hier interessierenden Fällen zu differenzieren. Sofern sich der Getaufte einer anderen Kirche, auch einer anderen evangelischen Kirche, angeschlossen hat, besteht gem. § 1 Abs. 1 KMitglG EKD keine Mitgliedschaft zu einer Gliedkirche der EKD oder deren Gemeinde. Dazu gehört auch der Fall, dass die Mitgliedschaft zu der anderen Kirche bzw. Gemeinschaft durch die Taufe begründet wird. Die Mitgliedschaft in einer der Gliedkirchen der EKD kann in solchen Fällen durch Aufnahme, Wiederaufnahme oder Übertritt gem. § 7 KMitglG EKD erworben werden.

Anders ist die Rechtslage, wenn der Getaufte sich keiner anderen Kirche oder Religionsgemeinschaft angeschlossen hat. Das dürfte vor allem dann der Fall sein, wenn die Taufe nicht in einer anderen Kirche oder Religionsgemeinschaft vollzogen wurde, sondern durch einen freien Taufanbieter. In diesem Fall ist es für die Mitgliedschaft in einer der Kirchen der EKD nach § 1 Abs. 1 KMitglG EKD entscheidend, ob er „evangelischer" Christ ist. Damit ist die Frage nach dem persönlichen Bekenntnis des Betreffenden aufgeworfen. Wenn der Getaufte sich keiner Gemeinschaft anschließt, dürfte gerade daraus auch geschlossen werden, dass er nicht „evangelisch" im Sinne der Bekenntnisse der Gliedkirchen der EKD ist. Die Mitgliedschaft in einer Kirche der EKD kann dann dadurch begründet werden, dass der Betreffende sich als evangelischer Christ bekennt und einer der Gliedkirchen der EKD beitritt. Ein solcher Beitritt ist aber im KMitglG EKD nicht geregelt. Es handelt sich dabei auch nicht um eine Aufnahme eines Getauften im Sinne von § 7 KMitglG EKD, denn diese setzt den vorherigen Austritt aus einer anderen christlichen Kirche oder Religionsgemeinschaft voraus. Sofern ein praktisches Bedürfnis dafür erkennbar ist, wäre empfehlenswert, das KMitglG EKD für diesen Fall zu ergänzen: also den Fall, dass ein Getaufter keiner christlichen Kirche oder Religionsgemeinschaft angehört hat, aber sich einer der Gliedkirchen der EKD anschließen möchte. Ein Bedürfnis dafür kann aber nur dann entstehen, wenn in dem betreffenden Fall die Taufe anerkannt ist.

5. Alternative Formen der Mitgliedschaft

In den vergangenen Jahren ist immer wieder über eine „Schnuppermitgliedschaft" oder andere Formen der Mitgliedschaft neben bzw. unter der vollen Kirchenmitgliedschaft diskutiert worden.[3] Damit soll Menschen, die sich (noch) nicht zum Eintritt oder Wiedereintritt in die Kirche durchringen können, die Teilnahme am kirchlichen Leben mit einem fest umrissenen rechtlichen Status eingeräumt werden. Freilich ist die Möglichkeit der Teilnahme am Gemeindeleben und der Genuss anderer in § 3 KMitglG EKD genannter Rechte (Verkündigung, Seelsorge und Diakonie), ohnehin auch ohne Mitgliedschaft möglich, dies ist zum Teil auch ausdrücklich geregelt (Art. 6 b Abs. 3 KMitglG Bay). Seelsorge und diakonische Dienste werden durch die Kirche schon nach ihrem Selbstverständnis auch Nichtmitgliedern geleistet. Daher stellt sich die Frage, welche darüber hinausgehende, aber hinter der vollen Mitgliedschaft zurückbleibenden Rechte eine „Schnuppermitgliedschaft" oder eine Mitgliedschaft minderen Ranges sinnvollerweise einräumen soll. Das gilt umso mehr, als wichtige, derzeit mit der Mitgliedschaft verbundene Rechte, wie das aktive und passive Wahlrecht zu Kirchenvorständen, kaum so attraktiv sind, dass sie einen Anreiz zum Erwerb einer Mitgliedschaft bieten. Sorgfältig bedacht werden muss auch die Frage, ob man mit einer Mitgliedschaft minderen Ranges eine Form der Mitgliedschaft einführt, die sich – abgesehen von solchen wenig attraktiven Rechten – im Wesentlichen durch die mangelnde Beitrags- und Kirchensteuerpflicht (§ 4 Abs. 2 KMitglG EKD) von der vollen Mitgliedschaft unterscheidet. Dies würde u. a. für das steuerzahlende Kirchenmitglied die Frage aufwerfen, wieso nur es, nicht aber das Mitglied minderen Status, die Lasten

3 Dazu Jens Neie, Gestufte Mitgliedschaft in der Evangelischen Kirche, in: KuR 2/2008, 238–248; Jörg Ennuschat, Kirchenzugehörigkeit ohne Kirchenmitgliedschaft?, in: ZevKR 55 (2010), 275–289.

der Kirche tragen soll. Man liefe hier in die Gefahr einer ungerechten Mitgliederstruktur zu Lasten der Kirchenmitglieder mit vollem Mitgliedschaftsstatus. Der Problematik, dass der Sinn und die Legitimation der Kirchensteuer oder anderer Formen der Beitragspflicht an Selbstverständlichkeit verlieren und daher gegenüber Mitgliedern und Öffentlichkeit erklärungsbedürftig sind, kann schwerlich mit der Einführung einer Vorform der Mitgliedschaft begegnet werden.[4]

4 Überblick zum Mitgliedschaftsrecht: Heinrich De Wall/Stefan Muckel, Kirchenrecht. Ein Studienbuch, München [5]2017, § 26.

Stefan Ark Nitsche

Taufe und Kirchenmitgliedschaft

In den letzten Jahren begegnen in der pastoralen Praxis neben immer neu zu verabredenden Regelungen zur Taufpraxis (siehe unten 2.) und theologischen Rückfragen (3.) vermehrt neue Herausforderungen in einer sich stark ausdifferenzierenden und individualisierten, nicht mehr selbstverständlich christlich geprägten oder auch nur informierten Gesellschaft (5.). Ältere Fragen stellen sich neu und teilweise verschärft, neue Fragen kommen hinzu. Für diese Herausforderungen braucht es einen theologisch verantwortbaren Rahmen, es braucht Prüfkriterien statt Kasuistik für Entscheidungen vor Ort.

Bevor diese Fragen formuliert und in einen möglichen Klärungshorizont eingezeichnet werden, sollen die aktuell geltenden Regelungen für die Taufpraxis in den lutherischen Kirchen in Deutschland in Erinnerung gerufen werden (1.).

1. Der Rahmen anhand der in den Kirchen der VELKD aktuell geltenden Agenden und Leitlinien

Bei Durchsicht der seit 1988 in der VELKD erarbeiteten Texte wird deutlich, dass auf aktuelle Herausforderungen in der pastoralen Praxis jeweils auf einer theologisch reflektierten und verantworteten Basis reagiert wird. Dies schlägt sich in agendarischen Formularen sowohl in ihrer Systematik als auch in ihrer Wortwahl nieder.

Unverzichtbares wird festgehalten, teilweise reformuliert und für eine verantwortete Praxis aufbereitet, die auskunftsfähig sein möchte im Blick auf ihre theologische Grundlegung.

1.1 Taufagende (1988)[1]

Im Vorwort und in den Textvorschlägen der Taufagende der VELKD (Band III, neu bearbeitete Ausgabe 1988) findet die damals aktuelle theologische Debatte (insbesondere neben den soteriologischen auch schöpfungstheologische Perspektiven zu berücksichtigen; 16–20: Begründung für zwei verschiedene Schwerpunktsetzungen) und die damals aktuellen Herausforderungen durch die Veränderung der gesellschaftlichen Situation(en) ihren Niederschlag (vgl. Vorwort, 7 f. und Text „Die Heilige Taufe", 10–14):

Überblick:
Grundlegendes

(1) Die eine Taufe
(2) Taufe und Glaube gehören zusammen
  - je nach Situation bei Erwachsenen- und Kindertaufe unterschiedlich
  - Einmaligkeit der Taufe
  - ethische Folgen
(3) Rolle der Taufzeugen/Taufpaten: (zunehmende Bedeutung; eventuell auch Bemühen der Gemeinde bei der Suche nach geeigneten Paten):

---

1 Die Arbeit an der Novellierung der Taufagende ist bei Abfassung des Beitrags noch nicht abgeschlossen.

- Als Zeugen an die Taufe erinnern,
- als Vertreter der Gemeinde die Verpflichtung wahrnehmen,
- als Helfer der Eltern Mitverantwortung für die Einübung in den Glauben und in das Leben der Gemeinde übernehmen

Kirchliches Handeln bei der Taufe

- Freiheit zur liturgischen und agendarischen Gestaltung, der konkreten Situation angemessen (analog zur Grundordnung G1 des Gottesdienstes)
- Verbindliche Kernstücke:
  - Taufbefehl
  - Glaubensbekenntnis
  - Tauffrage (bei der Erwachsenentaufe)
  - Taufhandlung mit Wasser im Namen des Dreieinigen Gottes
  - Taufsegen mit Bitte um den Heiligen Geist
- Mögliches zeichenhaftes Handeln (Symbole, symbolisches Handeln als hilfreich deutende Zeichen):
  - Bezeichnen mit Kreuz/obsignatio crucis
  - Taufkerze
  - Betrachtung zum Taufwasser/Wassermeditation

Wesentliches ist hier festgehalten. Dazu gehört auch, dass Vollzug und Feier der Taufe immer in einem Gottesdienst, nicht zwingend aber im „Hauptgottesdienst" geschieht. Die *Agende* bietet hier drei prinzipiell mögliche Formen an:

Den „Taufgottesdienst" (21-80), die Einfügung der Taufe als ein Stück im „Hauptgottesdienst" (81) und die „Taufe als Hauptgottesdienst" (81–97).

1.2 Evangelische Gesangbücher (1995 ff.)

In den Anhängen zu den Regionalausgaben des *Evangelischen Gesangbuchs* werden ebenfalls Antworten angeboten auf zentrale Fragen unter der Überschrift „Was bei der Taufe geschieht" (vgl. z. B. Bayern und Thüringen, 1383 ff.). Die dabei vorausgesetzten theologischen und handlungsprägenden

Entscheidungen unterscheiden sich nicht von jenen der aktuell gültigen Agende.

> *Wesentliche Stichworte:*
> Wasser als Zeichen für Gottes Ja; Einmaligkeit und Unwiederholbarkeit; zur Frage von Kinder- und / oder Erwachsenentaufe; untrennbare Zusammengehörigkeit von Glaube und Taufe; Mitgliedschaft von Eltern(teil) in der Kirche; Patenfrage; Rolle der Kirchengemeinde; Einführung in die Grundlagen des christlichen Glaubens je nach Situation; Taufe und Aufnahme in die Kirche; Taufe in Notfällen; Tauferinnerung feiern.

1.3 Leitlinien kirchlichen Lebens (2003)[2]

Die Eröffnungssätze des Abschnitts zur Taufe in den *Leitlinien kirchlichen Lebens* fokussieren auf die Aufnahme in die universale Kirche Jesu Christi und die Begründung der Mitgliedschaft in einer empirisch vorfindbaren Sozialgestalt von Kirche:

> „Durch die Taufe werden Menschen in die Kirche aufgenommen [...] Gott spricht dem Täufling durch das sichtbare Handeln von Menschen seine Liebe zu; dadurch wird dieser in die weltweite Gemeinschaft der Christen eingegliedert. Zugleich wird der Täufling zum Mitglied der Kirche, in der die Taufe stattfindet." (35)

Die Ausführungen sind analog zu den Grundlinien der Taufagende formuliert, vorausgeschickt wird eine Beschreibung von sich verändernden Rahmenbedingungen in den Jahrzehnten seit der vorherigen Fassung, die noch unter dem Titel „Ordnung kirchlichen Lebens" veröffentlicht wurde. Dann wird unter der Überschrift „Regelungen" u. a. festgehalten:

---

2 VELKD, Leitlinien kirchlichen Lebens der Vereinigten Evangelisch-Lutherischen Kirche Deutschlands (VELKD). Handreichung für eine kirchliche Lebensordnung, Gütersloh 2003 [im Folgenden LkL].

(1) Der Taufe gehen Vorbereitungen voraus (je nach Lebensalter für Eltern und Paten oder der die Taufe begehrenden Person).
(2) Zur Gültigkeit und Anerkennung der Taufe wird festgehalten: Eine „nach dem Auftrag Jesu Christi mit Wasser im Namen Gottes, des Vaters, des Sohnes und des Heiligen Geistes" (40) vollzogene Taufe wird von der Evangelisch-Lutherischen Kirche anerkannt, bleibt „in jedem Fall gültig" und „darf nicht wiederholt werden".
(3) Zur Feier der Taufe wird analog zu den Entscheidungen der Agende formuliert, dass dies im (Sonntags-)Gottesdienst oder einem besonderen Taufgottesdienst in der Regel in einem Kirchgebäude geschieht.
(4) Dem Aspekt der Begründung eines Rechtsverhältnisses wird Rechnung getragen durch die Abkündigung im Sonntagsgottesdienst und durch Eintrag in das Kirchenbuch der zuständigen Gemeinde (Amtshandlung).
(5) Es gibt Regelungen für den Fall, dass Eltern(teile) nicht der evangelischen Kirche angehören.
(6) Die Voraussetzungen für das Patenamt und die Verantwortung im Patenamt sind geregelt; auch für den Fall, dass Paten einer Kirche der AcK angehören: Dies ist möglich, wenn kein Widerspruch zu Lehre und Praxis des evangelischen Verständnisses von Taufe vorhanden ist.

Auch der evangelische *Erwachsenenkatechismus*[3] bietet einen entsprechenden einschlägigen Artikel mit denselben Grundlinien.

Insgesamt lässt sich festhalten, dass die hier nachgezeichnete Linie der Weiterentwicklung von agendarischen Formularen und Leitlinien für das kasuale Handeln jeweils im aktuellen Kontext geschieht und auf Fortschreibungen hin

---

3 ANDREAS BRUMMER/MANFRED KIESSIG/MARTIN ROTHGANGEL (Hrsg.), Evangelischer Erwachsenenkatechismus. suchen – glauben – leben, Gütersloh 2010; vgl. dazu jetzt auch: MICHAEL KUCH, GEORG RAATZ/MARTIN ROTHGANGEL (Hrsg.), Kleiner Evangelischer Erwachsenen Katechismus, Gütersloh [4]2015, 343–352.

angelegt ist. Die reflektierte Beschreibung aktueller Herausforderungshorizonte und die dabei versuchten Reformulierungen zentraler, unverzichtbarer Kernstücke der Tauftheologie ermutigen geradezu dazu.

2. Klärungsbedarf zur Taufpraxis

Auch wenn viele der folgenden Fragen scheinbar einfache Regelungs- und Verabredungsbedarfe darstellen, werden sie doch in Pfarrkonferenzen, in Teams vor Ort, in Kirchenvorständen und in Konferenzen auf der mittleren Leitungsebene (Dekane, Pröpste, Superintendenten) häufig rasch mit sehr grundsätzlichen theologischen Argumenten verknüpft und geraten damit gelegentlich sogar an den Rand heftig ausgetragener Kontroversen, manchmal werden sie sogar zu Konfliktauslösern zwischen Kirchenvorstand und Pfarrperson.[4]

Die Fülle der Dimensionen des Taufsakraments (Zusage von Gottes Ja – schöpfungstheologisch begründet; Zusage der unbedingten rechtfertigenden Annahme durch Gott und der Zugehörigkeit zu Jesus Christus – christologisch begründet; Vergebung; Segen; Exorzismus; Bekenntnis; Mahnung zur Verantwortung von Eltern und Paten; Rolle der konkreten Gemeinde; ...), die in den jeweiligen Texten und liturgischen Vollzügen Gestalt gewinnen, vor einer Engführung auf eine „Lieblingsdimension" zu bewahren, stellt vor ähnliche Fragen, wie die konkrete Gestaltung der Feier des Altarsakraments.

Zentrale, immer wieder auftauchende Herausforderun-

4 Siehe dazu auch den Fragenkatalog bei AXT-PISCALAR, 24 ff.

gen im Gespräch mit Taufeltern oder Taufbegehrenden in diesem Zusammenhang sind:

- Der *Tauftermin*, der *liturgische Ort* und die Frage, ob „nur" im Haupt- oder Sonntagsgottesdienst der jeweiligen Gemeinde getauft werden kann (Wie kommt der Aspekt des „in eine konkrete Gemeinschaft Hineintaufens" zum Ausdruck)?

- Der *architektonische Raum* oder der *pastorale Ort* für das Feiern des Taufgottesdienstes und die Frage, wo getauft werden kann (Fluss, Quelle, ... oder „nur" am Taufstein der parochial zuständigen Kirchgemeinde)?

- Die *individuellen Bedürfnisse und Wünsche* der Tauffamilie und die Frage, wo die Grenzen liegen für das pastorale Eingehen auf diese (Musik, Ort, Zeit, Taufspruch, andere Texte im Gottesdienst, beteiligte Personen, Eltern oder Elternteile und Paten ohne Kirchenmitgliedschaft)?

- *Wie viel unterschiedliche* diesbezügliche *Praxis* verträgt eine Region, ohne dass ein „Wunschkonzert" daraus wird?

Welche Kriterien für die Bandbreite von verantwortbaren Möglichkeiten sollen gelten im Abwägen zwischen nachvollziehbaren individuellen Wünschen bezüglich der Gestaltung der Tauffeier und dem darstellenden Handeln des liturgischen Vollzugs?

Es scheint weder erfolgversprechend noch angemessen, hier verbindliche Regeln im Sinne einer Orthopraxie aufzustellen. Hilfreicher dürfte es sein, die jeweilige ortsübliche wie auch die im Einzelfall gewünschte Praxis daraufhin zu befragen, ob sie eine angemessene und erkennbare Kommunikation und Darstellung der zentralen Topoi einer evangelischen Tauftheologie darstellen und eine entsprechende, auf persönliche Aneignung hin offene Erfahrung ermöglichen.

3. Wesentliche Aspekte eines evangelischen Taufverständnisses

Insbesondere die von Axt-Piscalar[5] entfalteten grundlegenden Aspekte für das lutherische Taufverständnis in Verbindung mit den von Heckel aus dem biblischen Befund herausgearbeiteten wesentlichen Linien[6] können hier u. E. gewissermaßen als orientierende Vorzeichen vor den inhaltlichen und formalen Markierungen der Taufagende und der Leitlinien hilfreich werden:

(a) „Zum einen hat die Taufe einen zuhöchst individualisierenden Charakter. Sie gilt dem konkreten Individuum, das bei seinem Namen gerufen und dem der durch die Taufe zugesagte Gnadenbund Gottes versinnbildlicht und leibhaft zuteil wird. [...] Sie ist ein diesem konkreten Individuum zugeeignetes, vorgängiges und unverbrüchliches Heilszeichen. [...] Darum wird sie nur *einmal* vollzogen und darum kann, wer getauft ist, nicht aus der Taufe herausfallen." (Axt-Piscalar, 19.32 f.)

(b) „Zum anderen sozialisiert die Taufe den Täufling auf theologisch elementare Weise: Er wird in den Leib Christi als die Gemeinschaft aller Getauften und Glaubenden an allen Orten und zu allen Zeiten aufgenommen. Die Kirche als Leib Christi wiederum ist nach lutherischer Auffassung keine bloß unsichtbare Größe." (Axt-Piscalar, 21).

(c) Die Taufe verheißt die heilsame Teilhabe am Leben, Sterben und Auferstehen Jesu Christi. Sie begründet die Jüngerschaft des Täuflings und beruft zu einem christenmenschlichen Leben in der Nachfolge Jesu (Axt-Piscalar, 42). „Durch die Taufe hat der Mensch nach Gal 3,26–29 ‚Christus angezogen' und ist nun ‚in Christus' (*en Christó*)" (Röm 6), also in einer „Schicksalsgemeinschaft mit Christus", die „Vergebung", „Neuschöpfung" und „Herrschaftswechsel" bedeutet und deren befreiender Charakter auch „ethische Konsequenzen" nach sich zieht (Heckel, 72 ff., 80 ff.).

5 Siehe Axt-Piscalar, 19 ff.

6 Siehe Heckel, 101–109.

Das Taufgeschehen lässt sich damit charakterisieren als „Einverleibung als neues Mitglied in den Einflussbereich Christi, der in der christlichen Gemeinde als Lebensgemeinschaft seine konkrete geschichtliche Gestalt hat.“ (Heckel, 82)[7]

4. Prüfkriterien für das Handeln vor Ort

Von diesen Aspekten ausgehend und in Aufnahme der Grundsätze, die in der *Agende* von 1988 und den *Leitlinien* von 2003 zum Ausdruck kommen, lassen sich Eckpunkte oder Prüfkriterien formulieren, anhand derer eine argumentative Begründung einer entsprechenden konkreten Entscheidung der Verantwortlichen für die Kirche vor Ort nachvollziehbar geleistet werden kann.

Vorbemerkung: Das Taufgespräch als Ort der Deutung und die Rolle der Eltern und Paten – mitgebrachte Wünsche und die Bedeutung des Sakraments der Taufe

Wenn sich Eltern mit dem Wunsch, ihr Kind taufen zu lassen, an einen Pfarrer, eine Pfarrerin, häufiger auch „nur“ an ein Pfarramt wenden, kann ein ganzes Bündel unterschiedlichster Motivationen zugrunde liegen. Manches mag von einer „Familienfrömmigkeit“ gespeist sein, die sich primär im 1. Artikel des Credo (von der Schöpfung) und einem entsprechenden Segensverständnis (verbunden mit dem Wunsch um Schutz für das anvertraute neue Leben) verorten lässt. In den allermeisten Fällen wird sich im Gespräch ein Weg finden, diese „mitgebrachten Vorstellungen“ oder gar „implizite Theo-

7 Siehe im Beitrag von Heckel den knappen Überblick über die entscheidenden Stationen für die Lehre von der Taufe und ihre Praxis im Verlauf der Kirchengeschichte, 49 ff.

logie" zu würdigen, ohne damit auszublenden, dass die Taufe mehr ist als ein Segensritual.

Vom konkreten Taufbegehren ausgehend oder bei ihm anknüpfend können die oben markierten Aspekte eines evangelisch-lutherischen Taufverständnisses ins Gespräch gebracht werden mit dem Ziel, alle Dimensionen des Taufgeschehens zu erschließen und in Verantwortung vor den hier im Folgenden dargestellten fünf Prüfkriterien den Taufgottesdienst entsprechend zu gestalten.

Als eine Möglichkeit bietet sich an, dies in einem deutenden Durchgang des Gottesdienstablaufs (anhand der Agende oder ihrer Gliederung) zu machen. Dabei lassen sich auch anhand der Fragen an Eltern und Paten oder Patinnen und der erbetenen Antwort „Ja, mit Gottes Hilfe" die Rollenerwartungen seitens der Kirche und die der Eltern im Blick auf die Patenschaft thematisieren, vor allem (aber nicht nur) bei Menschen, die keiner der Kirchen der AcK angehören.[8]

Können die Fragen an die Verantwortung von Eltern und Paten guten Gewissens in dieser Form bejaht werden? In einer Formulierung, die das eigene Angewiesensein auf die Hilfe Gottes zur Sprache bringt? Hier kann die Verantwortung, in die Eltern und Patinnen oder Paten im Taufgottesdienst mit dieser Antwort eintreten, deutlich gemacht werden. Anspruch und Zuspruch des Beistands, die in der Formulierung ineinander verschränkt sind, bieten Möglichkeiten, in der jeweils konkreten Situation auch angemessen und seelsorgerlich behutsam zu agieren. Das gilt im Besonderen, wenn Eltern den Wunsch äußern, dass nicht einer Kirche angehörige Verwandte oder Freunde das Patenamt übernehmen sollen. In der Regel wird man hier wohl empfehlen müssen, nach an-

---

8 Siehe dazu auch AXT-PISCALAR, 37.

deren Formen zu suchen, in denen die Verantwortungsübernahme in der Begleitung des Kindes sichtbare Gestalt gewinnen kann, denn das christliche Patenamt ist wesentlich bestimmt durch den Inhalt der Fragen an Eltern und Paten.[9]

Aus den oben unter 3. festgehaltenen wesentlichen Aspekten des Taufverständnisses lassen sich fünf Eckpunkte für den theologischen Teil eines Taufgesprächs und zugleich fünf Prüfkriterien für konkrete Entscheidungen vor Ort gewinnen:

4.1 Die Taufe ist ein Sakrament

Seit Tertullian (Ende 2. Jahrhundert) werden Herrenmahl und Taufe unter dem Oberbegriff „Sakrament" zusammengefasst. Augustins Definition des Sakraments, dass zum sinnlichen Zeichen das Verheißungswort hinzukommt (*verbum accedit et fit sacramentum*), hat die reformatorische Theologie aufgegriffen und für das Sakrament den biblischen Grundsinn festgehalten, dass es an dem von Christus gestifteten Heil als einer neuen Wirklichkeit Anteil gibt.[10]

Damit ist deutlich, dass für eine Taufhandlung Stiftungs- bzw. Verheißungswort (trinitarische Taufformel) und sinnliches Zeichen[11] (Element, Wasser) das Entscheidende sind. Die Leitung der Feier der Taufe ist in die Hände derer gelegt, die dafür ordnungsgemäß berufen sind[12] (CA 14).[13]

---

9 Die deutlich knappere Frage an die Paten bezieht sich explizit auf die Elternfrage und füllt die Formulierung „Verantwortung vor Gott" mit dem eben in der Elternfrage gehörten Inhalten (Gottzugehörigkeit des Kindes ...; Hilfe zum Wachstum im Glauben an Jesus Christus ...; lebendige Glieder der Kirche Jesu Christi zu werden ...).

10 Siehe Heckel, 72 ff.

11 Siehe Axt-Piscalar 26.

12 Mit Ausnahme der Nottaufe.

13 Vgl. dazu auch: VELKD, Ordnungsgemäß berufen. Kundgebung der Bi-

In ihrem Verständnis als Sakrament wird der grundsätzliche Gabecharakter der Taufe zum Ausdruck gebracht.

4.2 Die Feier der Taufe geschieht in einem Gottesdienst

Die Taufe „ist mit dem Verheißungswort verbundene sinnfällige Manifestation der unbedingten Treue Gottes gegenüber dem Getauften“[14]. Damit ist jede Tauffeier per se, unabhängig von ihrem Ort und ihrem Zeitpunkt und der Anzahl der Feiernden, ein Gottesdienst. Das heißt: Dieses Geschehen hat seinen Ort im Gottesdienst. Gottesdienst wiederum wird dort gefeiert, wo im Namen des Dreieinigen Gottes Menschen um Wort und Sakrament versammelt sind (CA 7).

4.3 Unverzichtbare, verbindliche und mögliche Teile einer Taufhandlung

Das Verständnis der Taufe als Sakrament begründet die Verbindlichkeit im Blick auf *Inhalte* und *Form*[15] und lässt zugleich eine gewisse Freiheit für eine der Situation angemessene liturgische und agendarische Gestaltung zu.

Unverzichtbar dabei sind:

- Taufhandlung mit Wasser und mit trinitarischer Formel

Die verbindlichen Kernstücke sind:

- Taufbefehl als Evangelium und Einsetzungsworte des Sakraments der Taufe

---

schofskonferenz der VELKD, 2002, sowie die Umsetzung in Recht und Praxis der Gliedkirchen der VELKD.

14 Siehe Axt-Piscalar, 32.

15 Vgl. oben 1.1 Taufagende, Kirchliches Handeln bei der Taufe, die verbindlichen Kernstücke.

- Glaubensbekenntnis
- Tauffrage (bei der Erwachsenentaufe) oder Frage an die Eltern und Paten (bei Säuglings- und Kindertaufe)
- Taufspruch als Zuspruch des Beistandes Gottes[16]
- Fürbitte und Vaterunser
- Taufsegen mit Bitte um den Heiligen Geist

In der Regel möglich (Symbole, symbolisches Handeln als hilfreich deutende Zeichen mit oder ohne interpretierende Texte) sind z. B.:

- Bezeichnen des Täuflings mit dem Kreuz/*Obsignatio crucis*
- Erstmaliges Entzünden einer individuellen Taufkerze
- Betrachtung zum Taufwasser/Wassermeditation oder Taufwassergebet
- Anziehen des Taufkleides
- Stationenweg durch die Kirche als symbolisches Abschreiten des Weges in die Gemeinschaft mit Christus hinein.

4.4 *Die Taufe ist ein dem Individuum zugeeignetes, vorgängiges und unverbrüchliches Heilszeichen*

Alle in der Vorbereitung von der Tauffamilie oder dem Täufling geäußerten Wünsche zur Gestaltung lassen sich daraufhin befragen und sollten auch daraufhin befragt werden, inwieweit sie geeignet sind, die Intention des Gottesdienstes zu unterstützen, die Taufe als „Heilszeichen Gottes" zu versinnbildlichen und dem Täufling leibhaft zuteil werden zu lassen, das heißt: es in die konkrete Biographie einzuschreiben.

Von diesem Kriterium ausgehend öffnen sich im Taufgespräch möglicherweise auch Wege zu unkonventionellen

16 Siehe HECKEL zur Theologie des Taufspruchs, 107 f.

Gestaltungsformen beziehungsweise lässt sich für eine entsprechende Gestaltung der konkreten Tauffeier argumentieren. Die Gegenfrage wäre dann immer: Was behindert, verunklart oder konterkariert die Intention des Taufgottesdienstes in einer Weise, die nicht mehr verantwortbar erscheint?

4.5 *Die Taufe sozialisiert den Täufling auf elementare Weise*

Dieser Aspekt ist gegenüber den aktuellen und gesellschaftlich vorfindlichen Wünschen und Vorstellungen häufig nur mehr mit Mühe einsichtig zu machen und vermittelbar.

Nichtsdestotrotz: Jede konkrete Gestalt einer Tauffeier muss sich nicht nur daraufhin befragen lassen, inwiefern sie als Gottesdienst erkennbar ist und das Heilszeichen Gottes versinnbildlicht, sondern auch, woran und worin der Aspekt der Sozialisierung in die universale Kirche Jesu Christi sowie in eine konkrete Gemeinde ohne größere Mühe sichtbar wird. Das kann und konnte je nach Kontext und historisch vorfindlicher Situation in unterschiedlichster Weise zum Ausdruck kommen:

- in der Wahl des Ortes (Kirche) und dem Wahrnehmen des Taufsteins in der Kirche der Ortsgemeinde als Symbol der sichtbaren Gemeinschaft;
- im gemeinsamen Bekenntnis des Apostolicums;
- im Verständnis der versammelten Gottesdienstgemeinde als sichtbare Gestalt der Gemeinschaft der Kirche;
- im selbstverständlichen Wissen um den Sachverhalt der Teilhabe der christlichen Hausgemeinschaft an der sichtbaren Gemeinschaft der Kirche (über Jahrhunderte hinweg war dies beispielsweise bei der Haustaufe oder ist dies bei der Taufe in der Geburtsklinik gegeben);

- im Verständnis des Eintrags ins Taufregister bzw. in die Kirchenbücher mit zugehöriger Abkündigung und anschließender Fürbitte im Sonntagsgottesdienst der Gemeinde (günstigstenfalls unter Anwesenheit von Vertretern der Tauffamilie) als Ausdruck der Eingliederung in die sichtbare Gemeinschaft der Kirche.

In der Praxis werden selten alle Aspekte in gleicher Weise zum Tragen kommen oder explizit wahrgenommen werden. Je weniger selbstverständlich es ist, desto wichtiger wird es, abzuwägen, wie auch dieses Kriterium der Sozialisierung des Täuflings in die Kirche Jesu Christi in ihrer universalen Dimension wie auch in die konkrete Sozialgestalt als Gemeinde erkennbar wird.

In der Verkündigung kann dieser Aspekt auch explizit zum Gegenstand werden, möglicherweise in Verbindung mit einem sichtbaren Zeichen (z.B.: durch Überreichung eines Geschenkes der Kirchengemeinde: Taufkerze, Bibel, Gesangbuch, ...).

Alle angeführten oder vor Ort sich anbietenden Möglichkeiten bedürfen möglicherweise nicht nur des darstellenden Handelns, sondern auch einer entsprechenden Deutung, sei es im Taufgespräch bei der Erklärung oder gemeinsamen Entwicklung des konkreten Taufgottesdienstablaufs oder auch im Gottesdienst selbst.

Diese fünf Eckpunkte lassen sich im Sinn von Prüfkriterien verstehen, mit deren Hilfe die jeweils konkreten Wünsche der Tauffamilien ebenso wie die Ortstradition daraufhin befragt werden können, ob die christliche Taufe im evangelischen Verständnis in ihnen eine angemessene und nachvollziehbare Gestalt gewinnt. Auf diese Weise dürften sich die meisten Herausforderungen in evangelischer Freiheit konstruktiv meistern lassen, ohne zu einer kasuistischen Überregulierung zu kommen.

Es lassen sich so, als *ultima ratio*, auch „rote Linien“ beschreiben, die je nach konkreten Traditionen und Frömmigkeitsformen vor Ort wohl auch unterschiedlich gezogen werden müssen. Entscheidend wird sein, die oben genannten Aspekte im konkreten Gottesdienst und dem begleitenden katechetischen und seelsorgerlichen Geschehen wahrnehmbar und rezipierbar zu machen:

- Die Taufe ist ein Sakrament und ihre Feier ist ein Gottesdienst.
- Die Taufe ist ein dem Individuum zugeeignetes, vorgängiges und unverbrüchliches Heilszeichen.
- Die Taufe sozialisiert den Täufling auf elementare Weise.
- Die Taufe begründet die Zugehörigkeit zu Jesus Christus und verheißt die heilsame Teilhabe an seinem Leben, Sterben und Auferstehen.
- Die Taufe macht den Täufling zu einem Jünger/zu einer Jüngerin Jesu und ruft in die Nachfolge.

Die hier erörterten Fragen immer wieder zu bedenken und die eigene Praxis im Kontext der Regelungen innerhalb der jeweiligen Bekenntnisgemeinschaft, Landeskirche und Region auf ihre „Stimmigkeit“ hin zu überprüfen, gehört zur Verantwortung der vor Ort in die Leitung der Gemeinde Berufenen und Gewählten, schon vor möglicherweise auftretenden Konflikten in der Kasualpraxis.

Für solche konkreten Einzelfallkonflikte muss dann allerdings die Zuständigkeit, auch für den Fall der Appellation oder der Eskalation, generell geklärt sein.

5. Theologische Rückfragen in Taufgesprächen und in Debatten in Pfarrkapiteln

5.1 *Die Bedeutung der Rede von der „Heilsnotwendigkeit der Taufe"*

Im Kontext des interreligiösen Dialogs und in pluralen kulturellen Kontexten stellt sich auch in manchem Taufgespräch, vor allem aber in nicht wenigen Gesprächen mit oder unter Pfarrern und Pfarrerinnen die Frage nach der konkreten Bedeutung der Rede von der „Heilsnotwendigkeit der Taufe", präziser nach einer angemessenen Reformulierung des ersten Satzes von CA 9: „Von der Taufe lehren sie: Sie ist notwendig zum Heil; durch die Taufe wird die Gnade Gottes dargeboten; [...]."

In manchen Gesprächen wird das weiter zugespitzt und im Blick auf den Absolutheits- bzw. Exklusivitätsanspruch des christlichen Glaubens in Frage gestellt: „Macht sich Gott denn in seinem ‚Ja' zu uns wirklich abhängig von einem solchen Handeln, gottesdienstlichen Akt oder Sakrament?"[17]

Für nicht wenige Pfarrerinnen und Pfarrer und für viele Gemeindeglieder stellt sich die Frage auch im Zusammenhang mit der agendarisch vorgeschlagenen, und von vielen Gottesdienstteilnehmern auch erwarteten, Formulierung innerhalb der Gnadenzusage nach dem Sündenbekenntnis zu Beginn des Gottesdienstes als Antwort auf das Bekenntnis der gottesdienstlichen Gemeinde:

> *Gemeinde:* „Der allmächtige Gott erbarme sich unser. Er vergebe uns unsere Sünde und führe uns zum ewigen Leben."
> *Liturg:* „Der allmächtige und barmherzige Gott hat sich unser erbarmt. [...] Wer da glaubt und getauft ist, der wird selig werden, das verleihe Gott uns allen." (Mk 16,16a)

---

17 Siehe dazu Axt-Piscalar, 31.

Da es hier um die Gnadenzusage in Antwort auf das Bekenntnis von Gemeinde und Liturg geht, verzichtet die Agende auf das zweite Glied des nach den Gestaltungsregeln des hebräischen und aramäischen Stilmittels als *parallelismus membrorum* geformten Textes: „wer aber nicht glaubt, der wird verdammt werden“ (Mk 16,16b[18]).

Das ist für den Gottesdienstgebrauch zwar nachvollziehbar, führt allerdings wegen der darin formulierten Negation („verdammt“) immer wieder dazu, die beiden Verben „glauben“ und „getauft sein“ als eine doppelte Bedingung misszuverstehen, wenn gedanklich die Antithese zu dem verheißungsvollen Satz von der Errettung dann doch gebildet wird.

Eine angemessene Auslegung des biblischen antithetischen Parallelismus, wie sie Heckel vorlegt,[19] kann hier einer „verhängnisvollen“ und verbreiteten „Verschiebung [...] weg von der Verheißung des Heils und hin zu Bedingungen, die erbracht werden müssen, um selig werden zu können“[20], vorbeugen.

---

18 Bei Mk 16,16 liegt in der negativen Formulierung im zweiten Satz die Pointe natürlich eigentlich in deren positiver Umkehrung bzw. Entsprechung aus Mk 1,15: „Kehrt um und glaubt an das Evangelium.“

19 Siehe Heckel, 58 ff.

20 „Natürlich ist die Taufe dem theologischen Verständnis nach zum Heil gegeben. Aber der Begriff der Heilsnotwendigkeit führt dazu, dass der appellative Charakter dieser verallgemeinernden Formulierung auf eine andere Sprachebene verlagert wird. Das Problem besteht in einer Tendenz zur Verrechtlichung, die kasuistisch fragt, welche formalen Bedingungen erfüllt sein müssen, um das Heil zu erlangen. Verhängnisvoll erscheint daran, dass die Aufmerksamkeit von der Schlussfolgerung abgezogen und auf die Voraussetzungen gelenkt wird, d. h. weg von der Verheißung des Heils und hin zu den Bedingungen, die erbracht sein müssen, um selig werden zu können. Im Taufgespräch hat diese Verschiebung zur Folge, dass es vor allem um die Erfüllung kirchenrechtlicher Vorgaben geht,

Zugleich zeigt der nachfolgende Umkehrschluss: „wer aber nicht zum Glauben gekommen ist, der wird verdammt werden“, dass Mk 16,16 ebenso auf den Glauben zielt wie die Predigt Jesu in Mk 1,15: „Kehrt um und glaubt an das Evangelium.“

> „Der Glaube wird nicht zur Bedingung für die Taufe gemacht, sondern Glaube und Taufe werden beide als Mittel zum Heil dargestellt, wobei durch den nachfolgenden Umkehrschluss der Ruf zum Glauben mit besonderem Nachdruck versehen wird.“[21]

Damit bekommt die Rede von dem lebensverändernden Geschenk der Taufgnade als der „sinnfälligen Manifestation der unbedingten Treue Gottes“ (Axt-Piscalar, 32) neben der indikativischen eine weitere, performative Bedeutung.

Wird diese Treue Gottes im Taufakt manifest, durch einen gottesdienstlichen Akt eingeschrieben in die Biographie eines Menschen (quasi wie ein „Wasserzeichen“ für alle Seiten dieser noch zu schreibenden Biographie), kann sie erinnert, vergegenwärtigt, als Argument gegen Zweifel und Anfechtung vor dem inneren Forum des Gewissens ins Spiel gebracht werden, als Argument des „dennoch“.[22] „Sie ist ein diesem kon-

---

statt danach zu fragen, was dem Heil des Kindes dient und dazu beiträgt, dass es einen eigenen Zugang zum Glauben an Jesus Christus und die gute Botschaft vom Reich Gottes findet. Diese Verschiebung ist verhängnisvoll, weil sie nicht nur dem Appell an den Glauben in Mk 16,16 widerspricht, sondern auch dem Taufbefehl in Mt 28 mit seiner Aufforderung, hinzugehen, zu taufen und zu lehren.“ (HECKEL, 60 f.)

21 A. a. O., 61.

22 Vgl. Gr. Kat., BSLK, 639. Luthers Zuspruch, sich in Situationen der Gewissensnot und Anfechtung an die Taufzusage zu halten: „Also muß man die Taufe ansehen und zunutze machen, daß wir uns des stärken und trösten, wenn uns unser Sünd oder Gewissen beschweret, und sagen: ‚Ich bin dennoch getauft‘; bin ich aber getauft, so ist mir zugesagt, ich solle selig sein

kreten Individuum für seinen individuellen Lebensvollzug zugeeignetes, vorgängiges und unverbrüchliches Heilszeichen.“[23]

Die Taufe wird damit zum Heilszeichen, das in seiner Unbedingtheit bereits im Leben hier und jetzt wirkmächtig werden (selig machen) kann, wenn es denn in eine Biographie eingeschrieben und dann immer wieder aneignend erinnert wird.

5.2 Die „Gültigkeit“ einer Taufe

Im Kontext sowohl der orthodoxen als auch, wenngleich anders gelagert, bspw. der baptistischen Tradition stellt sich die Frage nach der „Gültigkeit“ einer bereits erfolgten Taufe mit anderen theologischen Begründungsstrukturen und auch konkreten Vollzügen. Für diese Fragen sind das *Limadokument* und die *Magdeburger Erklärung* (2007)[24] einschlägig und hilfreich.

---

und das ewige Leben haben, beide an Seel und Leib.“ (s. dazu auch Axt-Piscalar, 42)

23 Axt-Piscalar, 33.

24 „Als ein Zeichen der Einheit aller Christen verbindet die Taufe mit Jesus Christus, dem Fundament dieser Einheit. Trotz Unterschieden im Verständnis von Kirche besteht zwischen uns ein Grundeinverständnis über die Taufe. Deshalb erkennen wir jede nach dem Auftrag Jesu im Namen des Vaters und des Sohnes und des Heiligen Geistes mit der Zeichenhandlung des Untertauchens im Wasser bzw. des Übergießens mit Wasser vollzogene Taufe an und freuen uns über jeden Menschen, der getauft wird. Diese wechselseitige Anerkennung der Taufe ist Ausdruck des in Jesus Christus gründenden Bandes der Einheit (Epheser 4,4–6). Die so vollzogene Taufe ist einmalig und unwiederholbar.“
Folgende Kirchen haben diesem gemeinsamen Text und damit der wechselseitigen Anerkennung der Taufe und damit auch dem Verzicht auf eine „erneute“ Taufhandlung beim Übertritt zugestimmt:

Die Vorarbeiten im bayerischen „BALUBAG"-Prozess[25] werden neuerdings durch die VELKD aufgenommen und in einen Klärungsprozess mit den Baptisten eingebracht. In Arbeit befindlich ist eine Studie zur Taufe im Dialog zwischen der römisch-katholischen Kirche und der VELKD.

In der Linie des *Limapapiers* liegt die Festlegung in den *Leitlinien kirchlichen Lebens*: Eine „nach dem Auftrag Jesu Christi mit Wasser im Namen Gottes, des Vaters, des Sohnes und des Heiligen Geistes" (42) vollzogene Taufe wird von der Evangelisch-Lutherischen Kirche anerkannt, sie bleibt „in jedem Fall gültig" und „darf nicht wiederholt werden". In der *Magdeburger Erklärung* hat dies dann eine verbindliche Gestalt zwischen den unterzeichnenden Kirchen gewonnen.

Zugespitzt begegnet diese Frage allerdings in neuer Weise beim Umgang mit sogenannten „freien Taufen" (s. u. 6.2).

- Äthiopisch-Orthodoxe Kirche
- Arbeitsgemeinschaft Anglikanisch-Episkopaler Gemeinden in Deutschland
- Armenisch-Apostolische Orthodoxe Kirche in Deutschland
- Evangelisch-altreformierte Kirche in Niedersachsen
- Evangelische Brüder-Unität – Herrnhuter Brüdergemeine
- Evangelische Kirche in Deutschland
- Evangelisch-methodistische Kirche
- Katholisches Bistum der Alt-Katholiken in Deutschland
- Orthodoxe Kirche in Deutschland; vgl. dazu aber auch: Bemerkungen des Theologischen Arbeitskreises der KOKiD zur praktischen Umsetzung der Erklärung über die Taufe (im Hinblick auf die Myron-Salbung)
- Römisch-Katholische Kirche
- Selbständige Evangelisch-Lutherische Kirche

[25] Theologische Gespräche der bayerischen Kirche mit den Baptisten.

5.3 *Umgang mit getauften, aber aus der Kirche ausgetretenen Menschen*

Das oben benannte Verständnis der „Gültigkeit" einer Taufe stellt in der Praxis vermehrt vor die Herausforderung, wie mit Wünschen oder Erwartungen von Getauften theologisch verantwortet umzugehen ist, die zwar aus der Kirche ausgetreten sind, aber in bestimmten Situationen um Teilnahme oder Teilhabe am gottesdienstlichen Geschehen oder kirchlichen Handlungen bitten oder diese auch als Selbstverständlichkeit voraussetzen.

Die *Leitlinien kirchlichen Lebens* sind hier deutlich: „Der Kirchenaustritt hebt die in der Taufe begründete Gotteskindschaft nicht auf." Zugleich aber gilt: „Wer aus der Kirche austritt, verliert die Zulassung zum Abendmahl und alle kirchlichen Rechte, z. B. das kirchliche Wahlrecht. Ein bestehendes Patenamt ruht."[26] Damit sind aber nicht alle Herausforderungen der pastoralen Praxis abschließend geklärt.

Denn deutlich ist, dass die Teilnahme an einem Gottesdienst, der per se öffentlich ist, niemandem verweigert werden kann. Die Entscheidung für die Teilnahme am Abendmahl fällt so zunächst in die Eigenverantwortung des zum Mahl Kommenden. Für den Liturgen und die Liturgin wiederum gilt es, Sorgfalt auf die Formulierung der Einladung zum Abendmahl zu verwenden. Sollte ihm oder ihr bekannt sein, dass die Person, die die Kommunion begehrt, aus der Kirche ausgetreten ist, kann dies nur in der konkreten Situation in seelsorgerlicher Verantwortung gegenüber der betreffenden Person und allen, die von den Umständen wissen, entschieden werden. Dabei ist auch auf die ekklesiologischen Implikationen der Taufe wie des Abendmahls einzugehen.

---

26 Beides LkL, 100.

Eine besonders zu bedenkende und zu klärende Situation wird häufiger: Angehörige bitten um eine kirchliche Bestattung für einen Menschen, der nicht (mehr) Mitglied der Kirche ist. Hier wird sicher zuerst der Wille des oder der Verstorbenen zu achten sein, bevor Überlegungen greifen, wie auf dieses Anliegen der Hinterbliebenen und ihren Wunsch um Trost aus dem Evangelium und christlichen Beistand angemessen reagiert werden kann.

5.4 Umgang mit erfolgten Wiedertaufen oder dem Wunsch danach

Wie kann ein Umgang mit konkret erfolgten „Wiedertaufen" aussehen und wie lässt sich auf den Wunsch nach einem der Taufe sehr nahekommenden Tauferinnerungsritual eingehen? Im Kontext der Säuglingstaufe ist die Frage danach, wie der Aspekt des Bekennens im Verhältnis von Glaube und Taufe Gestalt gewinnen kann, eine nachvollziehbare Frage. Antwort darauf kann nach evangelisch-lutherischem Verständnis allerdings nicht eine erneute Taufhandlung sein; vielmehr müssen Formen der Tauferinnerung bekannter gemacht, gepflegt und neu entwickelt werden bei gleichzeitiger Betonung der Einmaligkeit und Unwiederholbarkeit der Taufe in ihrem Geschenkcharakter.

Im Blick auf die Frage des Umgangs mit „Wiedertaufen" muss der theologische Grund für die Einmaligkeit und Unwiderrufbarkeit der Taufe in ihrem Wesen als ein dem konkreten Individuum zugeeignetes, vorgängiges und unverbrüchliches Heilszeichen stark gemacht werden. Eine Praxis, die dies in Frage stellt, konterkariert den Gabecharakter der Taufe.

Für in der lutherischen Kirche in ein Amt Berufene stellt eine Wiedertaufe einen Bruch des Ordinations-, Einsegnungs- oder Beauftragungsversprechens dar.

6. Neue Herausforderungen

Über die bereits in (2.) und (5.) skizzierten Fragenkomplexe hinaus gibt es eine Reihe neuer Herausforderungen. Auf diese gilt es theologisch begründete Antworten zu finden, die dann in der Praxis zu Formen führen, die als Menschen zugewandtes Handeln einer Kirche erfahrbar sind, die sich dem Evangelium verpflichtet weiß.

6.1 Unsicherheiten in der Frage, ob ein Mensch getauft ist

Wie gehen wir angesichts der zunehmenden Mobilisierung der Gesellschaft mit der Herausforderung um, dass eine größer werdende Zahl von Menschen ihre Taufe nicht nachweisen kann, bzw. wenn unsicher ist, ob sie überhaupt getauft sind?

Wenn der Nachweis der Taufe weder durch Dokumente noch durch Zeugen geführt werden kann, dann könnte die Entwicklung von kirchlichen, vor allem gottesdienstlichen Handlungen weiterhelfen, die an die Erfahrungen früherer Generationen anknüpfen beim Umgang mit der Unsicherheit, ob bei einer Nottaufe eine „gültige" Taufe vollzogen wurde. Für diesen Fall wurden gottesdienstliche Formulare entwickelt, die die Unsicherheit „heilen" konnten.[27] Sprache und gegebenenfalls auch Handlungslogik wären sicher deutlich zu überarbeiten, aber hier bestünde ein Anknüpfungspunkt für kirchliches Handeln, das den oben entfalteten zentralen Aspekten der Taufe und auch den kirchenrechtlichen Gesichtspunkten Genüge tragen könnte.

---

27 Z. B.: Konditionaltaufe, Formular zur Bestätigung einer Nottaufe, [...].

Ein wesentlicher Gesichtspunkt dabei wäre, dass für den pastoral verantworteten Umgang die Erinnerungen der betroffenen Menschen ernst genommen und bspw. Taufzeugnisse auch durch Taufzeugen ersetzt werden können. Diese persönliche und bezeugte Erinnerung könnte durch eine entsprechend ausgestaltete Tauferinnerung, Taufvergewisserung oder Tauferneuerung zur Anerkennung gebracht und bestätigt werden.

Bei begründetem Zweifel an der Erinnerung oder bloßen Behauptung bleibt allerdings um der Dignität des Sakraments willen eine Taufhandlung angezeigt.

Für Fälle, in denen durch Taufzeugen oder auf andere Weise eine gültig vollzogene Taufe dargelegt ist, sollte das bestehende Mitgliedschaftsgesetz der EKD, das den Erwerb der Mitgliedschaft durch Taufe, durch Aufnahme, Wiederaufnahme oder Übertritt vorsieht, um eine entsprechende Regelung ergänzt werden.

6.2 „Freie Taufen": Taufe und Zugehörigkeit zu einer verfassten Kirche[28]

Mit dem Auftreten sogenannter „freier Theologen" und „freier Theologinnen" kommt die Herausforderung auf die Evangelisch-Lutherische Kirche zu, mit deren Lebens- und Schwellenbegleitungsritualen theologisch verantwortet und seelsorgerlich angemessen umzugehen.

Der in den *Leitlinien* als gesetzt gesehene unauflösbare Zusammenhang zwischen *ecclesia visibilis* und *ecclesia invisibilis*[29] wird im Handeln von „freien Theologen" bzw. „freien

---

[28] Siehe hierzu und zu 4.3: DE WALL, Zu aktuellen Fragen des kirchlichen Mitgliedschaftsrechts, 139–148.

[29] Vgl. auch Art. 9 der Kirchenverfassung der Nordkirche.

Theologinnen" sowie ihren Kunden negiert: Die von ihnen vollzogene Taufhandlung – unabhängig davon, ob sie dem kirchlichen Ritual entspricht oder in anderer Form durchgeführt wird –, bleibt ohne Konsequenz für die Mitgliedschaft in einer sichtbaren Kirche. Ist eine solche „freie Taufe" nicht dem kirchlichen Ritual entsprechend vollzogen worden, kann sie nicht als Taufe anerkannt werden. Ist eine solche „freie Taufe" dem kirchlichen Ritual entsprechend vollzogen worden, ist sie als Taufe anzuerkennen.[30]

Eine solche Entscheidung würde auch den „Leitlinien" Rechnung tragen: Eine „nach dem Auftrag Jesu Christi mit Wasser im Namen Gottes, des Vaters, des Sohnes und des Heiligen Geistes" vollzogene Taufe wird von der Evangelisch-Lutherischen Kirche anerkannt, bleibt „in jedem Fall gültig" und „darf nicht wiederholt werden".[31] In der Praxis dürfte die größte Schwierigkeit darin bestehen, Klarheit über das vollzogene Ritual zu schaffen. Dem nachzugehen obliegt der Verantwortung der jeweiligen Kirchenleitungen. Auch wenn der vollzogene Ritus nachvollziehbar als gültige Taufe anerkannt werden kann, bleibt die mit dem Grundsinn der christlichen Taufe verbundene Dimension der Eingliederung nicht nur in die *ecclesia invisibilis*, sondern auch in eine sichtbare Kirche unberücksichtigt.

Ein solcher Umgang mit Taufen von sogenannten „freien Taufanbietern" kann aus der Kirchengeschichte (insbesondere dem donatistischen Streit) begründet werden. Das bedeutet, zuerst den rituellen Vollzug auf seine Übereinstimmung mit den rituellen Konstitutiva zu überprüfen (siehe

30 Unterstellt, es handelt sich nicht um einen bisherigen offensichtlichen „Missbrauch", bspw. zur Vermeidung der Kirchensteuerpflicht.

31 LkL, 40.

Leitlinien, 40). In einem zweiten Schritt kann dann zwischen der den Ritus vollziehenden Person und der die Taufe begehrenden Person bzw. deren Eltern unterschieden werden. Damit könnte differenziert werden zwischen sakramentalem Vollzug (*rite* geschehen) und Amtshandlung, die nicht vorliegt.

Das böte wiederum die Möglichkeit zu unterscheiden zwischen der Nichtanerkennung der den Ritus vollzogen habenden Person als Amtsträger und dem vollzogenen Taufakt an der getauften Person.

Das Fehlen des in einer solchen Taufe nicht (oder nicht ausreichend) realisierten Aspekts der Eingliederung oder elementaren Sozialisation des Täuflings in den (sichtbaren, empirisch erfahrbaren) Leib Christi könnte durch einen willentlichen Aufnahmeakt in die Evangelisch-Lutherische Kirche und die Mitgliedschaft in einer ihrer Gemeinden „geheilt" werden.

Hierfür bieten sich bereits erprobte Formen an; es könnte aber auch ein neues Formular dafür entwickelt werden, das sich von einem Eintritt oder Wiedereintritt unterscheidet.

Im Mitgliedschaftsrecht sollte die Möglichkeit der Aufnahme einer getauften Person eröffnet werden, die zuvor keiner christlichen Kirche oder Religionsgemeinschaft angehört hat.[32]

6.3 Taufe, Kirchenmitgliedschaft und Arbeitsverhältnis in einer Einrichtung mit kirchlichem oder diakonischem Träger (sog. AcK-Klausel)

Die im Theologischen Ausschuss begonnene Debatte hat erste Kriterien für den Umgang mit der insbesondere in den Kirchen im Norden und im Osten drängenden Frage heraus-

32 Siehe De Wall, 145 f.

gearbeitet, wie in Zukunft mit der Herausforderung umgegangen werden kann, dass Einrichtungen in kirchlicher oder diakonischer Trägerschaft große Probleme haben, in ausreichender Anzahl qualifizierte Arbeitnehmer und Arbeitnehmerinnen zu finden, die einer der Kirchen der AcK angehören und damit getauft sind.

Die Frage, was eine Einrichtung evangelisch macht und wie gewährleistet werden kann, dass die Mitarbeitenden dies repräsentieren und in ihrem beruflichen Handeln wahrnehmbar machen, muss neu gestellt werden, wenn dies nicht in jedem Fall „nur" am formalen Kriterium der Kirchenmitgliedschaft (und damit auch der Taufe) hängen soll.[33]

Jüngste Entscheidungen der Arbeits- und Verwaltungsgerichte machen die AcK-Klausel in ihrer aktuellen Form jedenfalls mit Ausnahme der leitenden Personen nicht zwingend nötig. Kirche und Diakonie sind hier über die formalen Fragen hinaus inhaltlich gefragt.

Es wäre neu zu fragen, wie Erwartungen an Mitarbeitende theologisch begründet formuliert werden sollen und können. Einen „Zwang" zur Taufe auszuüben scheint ebenso wenig verantwortbar wie die völlige Aufgabe jeder Loyalitätserwartung im Blick auf die Übereinstimmung mit den Leitlinien der jeweiligen evangelischen Einrichtung.

Geht man vom Begriff der Loyalität und der auch im Wirtschaftsleben üblicherweise erwarteten Unterstützung der Unternehmens- oder Betriebsziele und der ihnen zugrunde liegenden „Philosophie" aus, wird man weiterdenken müssen in Richtung auf eine „Dienstgemeinschaft" getaufter und

33 Dazu ist hier nicht der Ort, vgl. aber z. B. HEINRICH BEDFORD-STROHM, Kirche und Diakonie im multireligiösen Kontext. Nicht Abgrenzung, sondern Öffnung: in Deutsches Pfarrerblatt, Juli 2015.

nichtgetaufter Arbeitnehmerinnen und Arbeitnehmer mit eigenen Formen der Erklärung der Verpflichtung und der Verbindlichkeit der Mitarbeitenden einerseits und andererseits seelsorgerlicher als auch katechetischer Begleitung durch die jeweilige Einrichtung oder auch durch gemeinsame Dienste der Kirche bzw. der Diakonie.[34]

34 Vgl. dazu nun die jüngste Richtlinie des Rates der Evangelischen Kirche in Deutschland über kirchliche Anforderungen der beruflichen Mitarbeit in der Evangelischen Kirche in Deutschland und ihrer Diakonie vom 9. Dezember 2016 (ABl. EKD 2017, 11).

Martin Luther

Ein Sermon vom heiligen hochwürdigen Sakrament der Taufe*

Zum Ersten. Die Taufe heißt auf Griechisch *baptismos* und auf Lateinisch *mersio*. Gemeint ist damit, dass man etwas so tief in Wasser taucht, dass es über ihm zusammenschlägt. Und obwohl es vielerorts nicht mehr üblich ist, die Kinder ganz in das Taufbecken hineinzuhalten und einzutauchen, sondern sie allein mit der Hand aus dem Taufbecken zu begießen, so sollte es doch so sein und wäre es recht, dass man das Kind oder sonst jeden Täufling entsprechend dem Wortsinn von Taufe ganz hinein ins Wasser senkt und tauft und wieder herauszieht. Denn zweifellos kommt das Wort Taufe in der deutschen Sprache vom Wort Tiefe, das heißt, dass man tief ins Wasser hineinsenkt, was man tauft. Das verlangt auch die Bedeutung der Taufe, denn sie meint, dass der alte Mensch – in Fleisch und Blut aus Sünde geboren – ganz ertränkt werden soll durch Gottes Gnade, wie wir hören werden. Darum sollte man der Bedeutung entsprechen und ein rechtes vollkommenes Zeichen geben.

---

* Wir danken der Evangelischen Verlagsanstalt für die Bereitstellung des Textes aus: Martin Luther. Deutsch-Deutsche Studienausgabe. Hrsg. von Johannes Schilling mit Albrecht Beutel, Dietrich Korsch, Notger Slenczka und Hellmut Zschoch. Bd. 2: Wort und Sakrament. Hrsg. u. eingel. von Dietrich Korsch und Johannes Schilling. Leipzig 2015, 5–27.

Zum Zweiten. Die Taufe ist ein äußerliches Zeichen oder Erkennungsmerkmal, die uns absondert von allen ungetauften Menschen, so dass wir anhand ihrer als ein Volk Christi, unseres Heerführers, erkannt werden, unter dessen Banner, dem heiligen Kreuz, wir andauernd gegen die Sünde kämpfen. Darum müssen wir drei Dinge beim heiligen Sakrament beachten: das Zeichen, die Bedeutung und den Glauben. Das Zeichen besteht darin, dass man den Menschen im Namen des Vaters und des Sohnes und des Heiligen Geistes ins Wasser taucht; aber man lässt ihn nicht darin, sondern hebt ihn wieder heraus. Darum sagt man: aus der Taufe gehoben. Also müssen beide Stücke im Zeichen sein: das Untertauchen und das Herausheben.

Zum Dritten. Die Bedeutung ist, dass man der Sünde in Gott abstirbt und in der Gnade Gottes aufersteht, dass der alte Mensch, der in Sünde empfangen und geboren wird, in der Taufe ertränkt wird und ein neuer Mensch herauskommt und aufersteht – ein Mensch, der aus Gnade geboren ist. So nennt der Paulus in Tit 3 die Taufe ein Bad der Wiedergeburt,[1] das heißt, dass man in ihm neu geboren und erneuert wird. So sagt auch Christus Joh 3: Wenn ihr nicht wiedergeboren werdet aus dem Wasser und dem Geist der Gnade, so werdet ihr nicht in das Himmelreich kommen.[2] Denn wie ein Kind aus dem Mutterleib gehoben und geboren wird, das durch diese fleischliche Geburt ein sündiger Mensch und ein Kind des Zorns ist, so wird der Mensch auf geistliche Weise aus der Taufe gehoben und geboren und durch diese Geburt ein Kind der Gnade und ein gerechter Mensch. So ertrinken die Sünden in der Taufe und die Gerechtigkeit tritt an die Stelle der Sünden.

---

[1] Tit 3,5.

[2] Joh 3,5.

Zum Vierten. Die Bedeutung – das Sterben oder Ertränken der Sünde – geschieht im diesseitigen Leben, bis der Mensch auch leiblich stirbt und ganz zu Staub verwest, nicht vollständig. Das Sakrament oder Zeichen der Taufe ist schnell geschehen, wie offensichtlich ist, aber die Bedeutung, die geistliche Taufe, das Ertränken der Sünde, währt, solange wir leben, und wird allererst im Tod vollbracht, wenn der Mensch auf rechte Weise in die Taufe gesenkt wird und das geschieht, was die Taufe bedeutet. Darum ist dieses ganze Leben nichts anderes als ein fortwährendes geistliches Taufen bis in den Tod. Und wer getauft wird, der wird zum Tod verurteilt, als spräche der Priester, wenn er tauft: Siehe, du bist sündiges Fleisch, darum ertränke ich dich im Namen Gottes und verurteile dich zum Tod in demselben Namen, auf dass zusammen mit dir alle deine Sünden sterben und untergehen. So sagt Paulus Röm 6: Wir sind mit Christus begraben durch die Taufe in den Tod.[3] Und je eher der Mensch nach der Taufe stirbt, desto eher wird seine Taufe vollendet. Denn die Sünde hört nie ganz auf, solange dieser Leib lebt, der so sehr in Sünden empfangen ist, dass die Sünde seine Natur ist, wie der Prophet sagt: Siehe, in Sünden bin ich empfangen und in Untugenden hat mich meine Mutter getragen.[4] Dieser Natur ist in keiner Weise zu helfen, außer sie stirbt und wird zunichte mit ihrer Sünde. Also ist das Leben eines Christenmenschen nichts anderes als der Beginn eines seligen Sterbens von der Taufe bis ins Grab. Denn Gott will ihn anders und ganz neu machen am Jüngsten Tag.

Zum Fünften. Das Aus-der-Taufe-Heben geschieht ebenfalls rasch, aber die Bedeutung, nämlich die geistliche Geburt,

---

3 Röm 6,4.

4 Ps 51,7.

das heißt die Mehrung der Gnade und Gerechtigkeit, beginnt zwar in der Taufe, währt aber auch bis zum Tod, ja bis zum Jüngsten Tag. Dann wird allererst vollendet, was das Aus-der-Taufe-Heben bedeutet, dann werden wir vom Tod, von Sünden, von allem Übel auferstehen, rein an Leib und Seele, und ewig leben. Dann werden wir als auf rechte Weise aus der Taufe Gehobene und als auf vollkommene Weise Geborene das rechte Taufkleid des unsterblichen Lebens im Himmel anziehen. So sprechen die Paten, wenn sie das Kind aus der Taufe heben: Siehe, deine Sünden sind nun ertränkt, wir nehmen dich in Gottes Namen auf in das von Schuld freie ewige Leben. Denn so werden die Engel am Jüngsten Tag alle getauften rechtschaffenen Christenmenschen herausheben und werden dann das erfüllen, was die Taufe und die Paten bedeuten, wie Christus Mt 24 sagt: Er wird aussenden seine Engel, und sie werden seine Auserwählten aus den vier Windrichtungen vor ihm versammeln, vom Sonnenaufgang bis zum Sonnenuntergang.[5]

Zum Sechsten. Diese Taufe ist vor langer Zeit vorabgebildet worden in der Sintflut des Noah, als die ganze Welt ertränkt wurde mit Ausnahme des Noah, seiner drei Söhne und ihrer Ehefrauen – also insgesamt acht Menschen, die in der Arche bewahrt wurden. Dass die Menschen der Welt ertränkt wurden, bedeutet, dass in der Taufe die Sünden ertränkt werden. Dass aber die acht mit vielen Tieren in der Arche bewahrt wurden, bedeutet, dass der Mensch durch die Taufe selig wird, wie das Petrus in seinem zweiten Brief auslegt.[6] Nun ist aber die Taufe eine viel größere Sintflut, als jene es gewesen ist. Denn jene hat nicht mehr als die Menschen eines Jahres

5 Mt 24,31.

6 1Petr 3,20 f.

ertränkt, während die Taufe fortwährend durch die ganze Welt von Christi Geburt an bis zum Jüngsten Tag viele Menschen ertränkt und eine Sintflut der Gnade ist, wie jene eine Sintflut des Zorns war, wie in Ps 29 angekündigt wird: Gott wird eine fortwährende neue Sintflut[7] machen. Denn es werden zweifellos viel mehr Menschen getauft als in der Sintflut ertrunken sind.

Zum Siebten. Daraus folgt, dass es wohl wahr ist, dass ein Mensch, wenn er aus der Taufe kommt, rein und sündlos, das heißt ganz unschuldig ist. Aber es wird von vielen nicht richtig verstanden; sie meinen, es sei gar keine Sünde mehr da, und werden faul und nachlässig, die sündhafte Natur zu töten, genauso wie es auch einige tun, wenn sie gebeichtet haben. Darum soll man es, wie oben gesagt wurde, richtig verstehen und wissen, dass unser Fleisch, solange es im Diesseits lebt, von Natur aus böse und sündig ist. Um Abhilfe zu schaffen, hat Gott bei sich beschlossen, dass er es ganz neu und anders schaffen will, wie Jer 18 ankündigt: Als der Topf ihm nicht gut geriet, mengte der Töpfer ihn wieder unter den Ton und knetete ihn und machte anschließend einen zweiten Topf, wie es ihm gefiel. So, spricht Gott, seid ihr in meinen Händen.[8] Und in der ersten Geburt sind wir nicht gut geraten. Darum vermengt er uns wieder mit der Erde durch den Tod und erschafft uns am Jüngsten Tag neu, damit wir dann wohl geraten und ohne Sünde sind. Diesen Entschluss beginnt er in der Taufe zu verwirklichen, die den Tod und die Auferstehung am Jüngsten Tag bedeutet, wie bereits gesagt wurde. Und darum sind hinsichtlich der Bedeutung oder des Zeichens des Sakraments die Sünden mit dem Menschen

---

7 Ps 29,10 (Ps 28,10 Vg).

8 Jer 18,4.6.

schon tot und er ist auferstanden. Und folglich ist das Sakrament schon geschehen, aber das Werk des Sakraments ist noch nicht vollständig geschehen, das heißt, der Tod und die Auferstehung am Jüngsten Tag stehen noch bevor.

Zum Achten. Der Mensch ist daher ganz rein und unschuldig durch das Sakrament, das heißt, er hat das Zeichen Gottes, die Taufe, mit dem angezeigt wird, dass seine Sünden alle tot sein sollen, und er auch in Gnade sterben und am Jüngsten Tag auferstehen soll, um in Ewigkeit rein, ohne Sünde, unschuldig zu leben. Das heißt: Es ist durch das Sakrament wahr, dass er ohne Sünde, also unschuldig ist. Aber solange das noch nicht vollbracht ist und der Mensch noch im sündigen Fleisch lebt, solange ist er weder ohne Sünde noch gänzlich rein, sondern er hat erst angefangen, rein und unschuldig zu werden. Darum regen sich, wenn der Mensch das entsprechende Alter erreicht, die natürlichen sündlichen Begierden wie Zorn, Unkeuschheit, Begierde, Geiz, Hochmut und dergleichen, von denen es keine gäbe, wenn die Sünden im Sakrament alle ertränkt und tot wären. Das Sakrament bedeutet aber nur, dass sie durch den Tod und die Auferstehung am Jüngsten Tag ertränkt werden. So klagen Paulus in Röm 7 und alle Heiligen mit ihm, dass sie, obwohl sie getauft und heilig waren, Sünder sind und Sünde in ihrer Natur haben,[9] weil sich die natürlichen sündlichen Begierden weiterhin regen, solange wir leben.

Zum Neunten. Du wendest ein: Was hilft mir dann die Taufe, wenn sie die Sünde nicht ganz und gar tilgt und beseitigt? Hier kommt nun das richtige Verständnis und die richtige Erkenntnis des Sakraments der Taufe ins Spiel: Das hochwürdige Sakrament der Taufe verhilft dir dazu, dass sich Gott

9 Röm 7,14–24.

in ihm mit dir verbindet und mit dir eins wird in einem gnädigen, tröstlichen Bund.

Zum einen heißt das, dass du dich in das Sakrament der Taufe und seine Bedeutung ergeben sollst, das heißt, dass du begehrst, mit den Sünden zu sterben und am Jüngsten Tag neu geschaffen zu werden , wie das Sakrament besagt und wir ausführten. Dieses Begehren nimmt Gott von dir an und lässt dich taufen und beginnt von Stund an, dich zu erneuern, gießt dir seine Gnade und seinen Heiligen Geist ein, der beginnt, die Natur und Sünde zu töten und zum Sterben und Auferstehen am Jüngsten Tag vorzubereiten.

Zum anderen verpflichtest du dich, in dieser Bestimmung zu bleiben und mehr und mehr deine Sünde abzutöten, solange du lebst bis zum Tod. Diese Verpflichtung nimmt Gott auch auf und leitet dich dein Leben lang an mit vielen guten Werken und mancherlei Leiden. Damit tut er, was du in der Taufe begehrt hast, nämlich dass du von der Sünde befreit werden, sterben und am Jüngsten Tag neu auferstehen und so die Taufe vollenden willst. Darum lesen und sehen wir, wie er seine lieben Heiligen so hat martern und viel leiden lassen, dass sie möglichst rasch getötet würden und dem Sakrament der Taufe entsprächen, stürben und neu würden. Denn wenn das nicht geschieht und wir weder leiden noch uns selbst beherrschen, dann überwindet die böse Natur den Menschen, so dass er für sich selbst die Taufe nutzlos macht, in die Sünde fällt und ein alter Mensch bleibt wie zuvor.

Zum Zehnten. Solange nun diese deine Verpflichtung Gott gegenüber besteht, ist Gott dir wiederum gnädig und verpflichtet sich dir gegenüber, dass er dir die Sünden nicht zurechnen will, die nach der Taufe noch in deiner Natur sind, und sie weder beachten noch dich ihretwegen verdammen will. Er lässt es sich genügen und hat ein Wohlgefallen daran, dass du dich immerzu bemühst und begehrst, sie zu töten und mit deinem Sterben loszuwerden. Deshalb, auch wenn sich böse Gedanken oder Begierden regen, ja auch wenn du manchmal sündigst und fällst, wenn du nur wieder aufstehst und wieder in den Bund trittst, sind sie kraft des Sakraments und der Verpflichtung Gottes schon dahin, wie auch Paulus Röm 8 sagt. Die natürliche böse sündliche Neigung verdammt keinen, der an Christus glaubt, wenn er ihr nicht folgt und nicht in sie einwilligt.[10] Und der Evangelist Johannes sagt in seinem Brief: Auch wenn jemand in Sünde fällt, so haben wir einen Fürsprecher vor Gott, Jesus Christus, der die Vergebung unserer Sünden ist.[11] Ebendas geschieht alles in der Taufe, in der uns Christus gegeben wird, wie wir im Weiteren hören werden.[12]

Zum Elften. Wenn nun dieser Bund nicht wäre und Gott nicht barmherzig durch die Finger sähe, so wäre keine Sünde so klein, dass sie uns nicht doch verdammen würde. Denn Gottes Gericht kann keine Sünde ertragen. Darum gibt es keinen größeren Trost auf Erden als die Taufe, durch die wir unter das Urteil der Gnade und Barmherzigkeit treten, die die Sünde nicht richtet, sondern mit viel Tatkraft austreibt. So sagt Augustin sehr schön: Die Sünde wird in der Taufe ganz vergeben, aber nicht so, dass sie nicht mehr da ist, sondern so, dass sie nicht mehr zugerechnet wird.[13] Das heißt, die Sünde bleibt wohl bis zum Tod in unserem Fleisch und regt sich

---

10 Röm 8,1–17.

11 1Joh 2,1 f.

12 Martin Luther, Ein Sermon von dem hochwürdigen Sakrament des heiligen wahren Leichnams Christi und von den Bruderschaften, 1519 (WA 2,738–741.742–758).

13 Aurelius Augustinus (354–430), De nuptiis et concupiscentia I,25,28 (CSEL 42,240,17 f.).

ohne Unterlass, aber solange wir nicht in sie einwilligen oder in ihr bleiben, so ist sie durch die Taufe so geordnet, dass sie weder verdammt noch schädlich ist, sondern tagtäglich mehr und mehr getilgt wird bis zum Tod. Deshalb soll niemand erschrecken, wenn er böse Lust und Liebe fühlt, und auch nicht verzagen, wenn er einmal fällt, sondern an seine Taufe denken und sich ihrer fröhlich trösten, dass Gott sich darin selbst verpflichtet hat, ihm seine Sünde zu töten und nicht zur Verdammnis anzurechnen, wenn er nicht in sie einwilligt oder nicht in ihr bleibt. Man soll sich auch nicht durch diese im Menschen wütenden Gedanken oder Begierden, ja auch nicht durch das Versagen verzagt machen lassen, sondern sie als eine Mahnung von Gott annehmen, dass der Mensch seiner Taufe gedenken soll und was er darin zum Ausdruck gebracht hat, nämlich Gottes Gnade anzurufen und sich um den Kampf gegen die Sünde zu bemühen, ja auch zu sterben begehren, damit er von der Sünde befreit werden möge.

Zum Zwölften. Hier ist nun das dritte Stück des Sakraments zu behandeln, nämlich der Glaube. Der besagt, dass man dies alles fest glauben soll: dass nämlich das Sakrament nicht nur auf den Tod und die Auferstehung am Jüngsten Tag hindeutet, durch die der Mensch neu wird, um in Ewigkeit ohne Sünde zu leben. sondern auch, dass das Sakrament ebendieses bereits beginnt und bewirkt und uns mit Gott wechselseitig so verbindet, dass wir bis zum Tod die Sünde töten und gegen sie kämpfen wollen, und er uns das umgekehrt zugute halten, gnädig mit uns umgehen und nicht mit aller Strenge richten will, dass wir in diesem Leben nicht ohne Sünde sind, bis wir endlich rein werden durch den Tod. So ist es zu verstehen, dass ein Mensch in der Taufe unschuldig, rein und ohne Sünde wird und doch voll viel böser Neigung bleibt: nämlich dass er nicht anders rein genannt wird, als dass er angefangen hat, rein zu werden, und er für diese Reinheit ein Zeichen und einen Bund hat und immer reiner werden soll, weswegen Gott ihm seine zurückbleibende Unreinheit nicht anrechnen will. Er ist also mehr durch Gottes gnädige Anrechnung als wegen seines Wesens rein, wie der Prophet Ps 32 sagt: Selig sind, denen ihre Sünden vergeben sind. Selig der Mensch, dem Gott seine Sünde nicht zurechnet.[14] Dieser Glaube ist der allernotwendigste, denn er ist der Grund allen Trostes. Wer den nicht hat, muss verzweifeln in Sünden. Denn die Sünde, die nach der Taufe bleibt, bewirkt, dass alle guten Werke nicht rein sind vor Gott. Deshalb muss man sich ganz wohlgemut und frei an die Taufe halten und sie allen Sünden und allem Gewissenserschrecken entgegenhalten und demütig sagen: Ich weiß genau, dass ich überhaupt kein reines Werk habe. Aber ich bin ja getauft, wodurch Gott, der nicht lügen kann, sich mir verpflichtet hat, mir meine Sünde nicht anzurechnen, sondern sie zu töten und zu vertilgen.

Zum Dreizehnten. Wir verstehen also nun, dass man von unserer Unschuld in der Taufe einzig reden kann aufgrund der göttlichen Barmherzigkeit, die diese Verwandlung angefangen hat, mit der Sünde geduldig ist und uns so anschaut, als wären wir ohne Sünde. Von daher versteht man auch, warum die Christen in der Schrift Kinder der Barmherzigkeit, Volk der Gnade und Menschen des gütigen Gotteswillens genannt werden.[15] Denn sie haben angefangen, durch die Taufe rein zu werden, und sie werden durch Gottes Barmherzigkeit mit der übriggebliebenen Sünde nicht verdammt werden, bis sie auch davon durch den Tod und am Jüngsten Tag ganz rein geworden sind, wie es die Taufe mit ihrem Zeichen vor Augen

---

14 Ps 32,1 f.

15 Vgl. Ps 106,4; Eph 5,1; 1Petr 2,9 f.; Lk 2,14.

stellt. Darum befinden sich die in einem großen Irrtum, die meinen, sie seien durch die Taufe ganz rein geworden. In ihrem Unverstand gehen sie hin und töten ihre Sünde nicht, wollen sie auch nicht Sünde sein lassen, verhärten sich darin und machen damit ihre Taufe ganz zunichte. Sie bemühen sich nur um viele äußerliche Werke, unter denen Hochmut, Hass und andere natürliche Bosheit, die sie nicht beachten, nur stärker und größer werden. Nein, so geht es nicht, sondern die Sünde, die böse Neigung muss als wahre Sünde erkannt werden. Dass sie aber unschädlich ist, muss man Gottes Gnade zuschreiben, der sie nicht zurechnen will. Das soll aber so geschehen, dass man mit vielen Bemühungen, Werken und Leiden gegen sie kämpft und sie schließlich mit dem Sterben tötet. Die das nicht tun, denen wird Gott die Sünde nicht vergeben, weil sie der Taufe und ihrer Verpflichtung nicht folgen und das angefangene Werk Gottes und der Taufe behindern.

Zum Vierzehnten. Von der Art sind auch die, die meinen, ihre Sünde mit Genugtuungsleistungen zu tilgen und abzulegen. Sie gehen auch so weit, dass sie der Taufe keine Achtung mehr entgegenbringen, gerade als hätten sie die Taufe zu nichts mehr gebraucht, als dass sie aus ihr herausgehoben worden wären. Sie wissen nicht, dass die Taufe während des ganzen Lebens bis zum Tod, ja noch am Jüngsten Tag Kraft hat, wie schon gesagt wurde. Darum meinen sie, etwas anderes zu finden, um die Sünde zu vertilgen, nämlich die Werke; und sie machen darum sich selbst und allen anderen böse, erschrockene, unsichere Gewissen und Angst vor dem Sterben und wissen nicht, wie sie mit Gott dran sind. Sie meinen, die Taufe sei nun durch die Sünde verloren und zu nichts mehr nütze. Hüte dich auf jeden Fall davor. Denn wie gesagt: Ist jemand in Sünde gefallen, so soll er vor allem an seine Taufe denken, wie sich Gott dort ihm verpflichtet hat, alle Sünde zu vergeben, wenn er gegen sie kämpfen will bis zum Tod. Auf ebendiese Wahrheit und Selbstverpflichtung Gottes muss man fröhlich vertrauen. Dann gewinnt die Taufe wieder ihre Wirkung und ihre Kraft. Dann wird das Herz wieder friedlich und fröhlich – nicht durch seine Werke und Genugtuungsleistungen, sondern durch Gottes Barmherzigkeit, die ihm in der Taufe mit ewiger Geltung zugesagt ist. Und an diesem Glauben muss man so festhalten, dass man, auch wenn alle Kreaturen und alle Sünden einen überfielen, dennoch an ihm hinge – im Wissen darum, dass der, der sich davon abbringen lässt, Gott in seiner Selbstverpflichtung im Sakrament der Taufe zu einem Lügner macht.

Zum Fünfzehnten. Den Glauben ficht der Teufel am meisten an. Wenn er den umstößt, dann hat er gewonnen. Zudem hat auch das Sakrament der Buße, wovon die Rede war, seine Grundlage in diesem Sakrament, weil allein denen die Sünden vergeben werden, die getauft sind, das heißt, denen Gott die Sündenvergebung zugesagt hat. Das Bußsakrament erneuert das Sakrament der Taufe und eignet es wieder zu, als ob der Priester in der Absolution spräche: Siehe, Gott hat dir deine Sünde jetzt vergeben, wie er dir zuvor in der Taufe zugesagt und mir jetzt kraft der Absolutionsvollmacht befohlen hat, und du kommst jetzt wieder zum Werk und Wesen der Taufe. Glaubst du, so hast du. Zweifelst du, so bist du verloren. Also sehen wir, dass die Taufe durch die Sünde tatsächlich an ihrem Werk – nämlich der Vergebung und Tötung der Sünden – gehindert, aber allein durch den Unglauben hinsichtlich ihres Werks zunichte wird. Der Glaube jedoch beseitigt ebendiese Hindernisse an ihrem Werk, so dass es alles am Glauben liegt. Um es eindeutig zu sagen: Es ist das eine, die Sünde zu vergeben, aber etwas anderes, die Sünde abzulegen oder auszutreiben. Die Vergebung der Sünden erlangt der Glaube, auch wenn sie nicht vollständig ausgetrieben sind. Aber die Sünden auszutreiben verlangt den Kampf gegen die Sünde, der sich im Sterben vollendet, wo die Sünde ganz untergeht. Es ist aber alles beides das Werk der Taufe, wie der Apostel an die Hebräer, die doch getauft waren und deren Sünden vergeben waren, schreibt, dass sie die Sünde ablegen sollen, die ihnen anhängt. Denn solange ich glaube, dass mir Gott die Sünde nicht zurechnen will, ist die Taufe kräftig und sind die Sünden vergeben, obwohl sie noch größtenteils dableiben. Anschließend folgt das Austreiben durch Leiden und Sterben. Das ist der Artikel, den wir bekennen: Ich glaube an den Heiligen Geist, Vergebung der Sünden. Da wird besonders auf die Taufe Bezug genommen, in der die Vergebung durch Gottes Verpflichtung uns gegenüber geschieht. Darum darf man an ebendieser Vergebung nicht zweifeln.

Zum Sechzehnten. Daraus folgt, dass die Taufe alle Leiden und vor allem den Tod nützlich und hilfreich macht, indem sie allein dem Werk der Taufe dienen müssen; das heißt, die Sünde zu töten. Denn es kann nun einmal nicht anders sein: Wer der Taufe entsprechen und von der Sünde befreit werden will, der muss sterben. Aber die Sünde stirbt nicht gern, darum macht sie den Tod so bitter und schrecklich. So gnädig und mächtig ist Gott, dass die Sünde, die den Tod gebracht hat, mit ihrem eigenen Werk – dem Tod – wieder vertrieben wird. Es gibt viele Leute, die so leben wollen, dass sie gerecht werden, und die sagen, sie wären gerne gerecht. Es gibt aber keine kürzere Weise und keinen Weg als den durch die Taufe und das Werk der Taufe, das heißt durch Leiden und Sterben. Weil sie das nicht wollen, ist es ein Zeichen, dass sie das Gerechtwerden nicht richtig verstehen und wollen. Darum hat Gott mehrere Stände vorgegeben, in denen man sich bemühen und leiden lernen soll: für einige Menschen den ehelichen, für andere den geistlichen, für andere den regierenden Stand. Und allen hat er befohlen, Mühe und Arbeit zu haben, dass man das Fleisch töte und sich an das Sterben gewöhne. Denn all denen, die getauft sind, hat die Taufe die Ruhe, Bequemlichkeit und Befriedigung dieses Lebens zu lauter Gift gemacht, weil sie ihr Werk verhindern. Denn in ihnen lernt niemand leiden, gerne sterben, sich von der Sünde befreien und der Taufe folgen, sondern da wächst nur die Liebe zum diesseitigen Leben und die Abscheu vor dem ewigen Leben, die Todesfurcht und die Flucht vor der Ausrottung der Sünde.

Zum Siebzehnten. Nun siehe, unter den Menschen gibt es viele, die fasten, beten, Wallfahrten unternehmen oder Ähnliches tun, womit sie meinen, viel Verdienst zu sammeln und einen guten Platz im Himmel zu erwerben, die aber niemals lernen, ihre böse Untugend zu töten. Man sollte fasten und alle Bemühungen dahin leiten, dass sie den alten Adam, die sündliche Natur, unterdrücken und all dessen zu entbehren gewöhnen, was diesem Leben angenehm ist, und so täglich mehr und mehr zum Tod bereit machen, damit der Taufe Genüge geschehe. Und alle diese Übungen und Bemühungen sollte man weder nach der Zahl noch nach der Größe bemessen, sondern nach der Forderung der Taufe. Das heißt, dass jeder die und so viele Bemühungen auf sich nehmen soll, die und soviel ihm nützlich und gut sind, um die sündliche Natur zu unterdrücken und zu töten, nicht jedoch, um sie zu vermindern und zu verstärken, je nachdem man die Sünde ab- oder zunehmen sieht. Denn auf diese Weise gehen sie durch's Leben und laden sich dies und das auf, handeln jetzt so und dann anders, nur mit Rücksicht auf die Erscheinung und das Aussehen des Werks. Anschließend machen sie schnell wieder etwas anderes und werden so ganz unbeständig, so dass niemals etwas aus ihnen wird. Einige zerbrechen dabei ihre Köpfe und verderben die Natur, so dass sie weder sich noch anderen etwas nützen. Das sind alles die Folgen der Lehre, die uns beherrscht hat, dass wir meinen, nach der Reue oder Taufe ohne Sünde zu sein und die guten Werke nicht zur Bekämpfung der Sünde einzusetzen, sondern in möglichst großer Zahl einfach für sich selbst oder zur Genugtuung für die begangenen Sünden zu sammeln. Dazu tragen die Prediger bei, die die Legenden und Werke der lieben Heiligen in unkluger Weise predigen und allgemeinverbindliche Beispiele daraus machen. Denn das machen sich die Unverständigen zu eigen und bewirken ihr eigenes Verderben durch das Vorbild der Heiligen. Gott hat einem jeden Heiligen seine besondere Weise und Gnade gegeben, um seiner Taufe zu entsprechen. Die Taufe hat aber mit ihrer Bedeutung allen ein gemeinsames Maß gesetzt, damit ein jeder sich hinsichtlich seines Stands prüfe, welche Weise für ihn am förderlichsten ist, der Taufe zu entsprechen – das heißt, die Sünde zu töten und zu sterben, damit in der Folge die Bürde Christi leicht und sanft werde, und es nicht mit Sorgen und Ängsten zugehe, wovon Salomo sagt: Die Werke der Unweisen quälen sie nur, weil sie den Weg zur Stadt nicht wissen.[16] Denn genauso,wie diejenigen Angst bekommen, die zur Stadt wollen und den Weg nicht finden, so verhält es sich auch mit diesen: All ihr Leben und Wirken wird ihnen sauer und sie richten doch nichts aus.

Zum Achtzehnten. Hierher gehört nun die verbreitete Frage, ob die Taufe und die Gelübde, die wir in ihr vor Gott abgelegt haben, mehr oder größer sind als die Gelübde der Keuschheit, Priesterschaft oder Geistlichkeit, weil doch die

---

16 Koh 10,15.

Taufe alle Christen betrifft, während man denkt, die Geistlichen haben etwas Besonderes und Höheres.

Antwort: Das ist aufgrund des bereits Ausgeführten leicht zu beantworten, denn in der Taufe geloben wir alle gleichermaßen dieselbe Sache, nämlich die Sünde zu töten und heilig zu werden durch das Wirken und die Gnade Gottes, dem wir uns darbringen und opfern wie Ton dem Töpfer. In dieser Hinsicht ist keiner besser als der andere. Aber dieser einen Taufe darin zu folgen, dass die Sünde getötet wird, kann auf unterschiedliche Weise oder in unterschiedlichen Ständen geschehen. Darum habe ich gesagt, jeder müsse sich selbst prüfen, in welchem Stand er am besten die Sünde töten und die Natur dämpfen kann. So ist es wahr, dass es kein höheres, besseres, größeres Gelübde gibt als das Taufgelübde. Was kann man mehr geloben, als alle Sünde zu vertreiben, zu sterben, dieses Leben zu hassen und heilig zu werden? Über dieses Gelübde hinaus aber kann sich jeder zu einem bestimmten Stand verpflichten, der ihm passend und förderlich zur Verwirklichung seiner Taufe ist. Das ist, wie wenn zwei zu einer Stadt unterwegs sind: Der eine kann den Fußpfad, der andere die Landstraße nehmen, wie es ihm am besten vorkommt. Wer sich also an den ehelichen Stand bindet, der lebt in den Leiden und Mühen dieses Standes, in dem er seiner Natur Lasten auferlegt, dass sie sich an Lieb und Leid gewöhne, Sünde meide und sich umso besser auf den Tod vorbereite, was er außerhalb dieses Standes nicht ebenso gut könnte. Wer aber mehr Leiden sucht und durch viele Bemühungen sich rasch zum Sterben bereiten und die Wirkung seiner Taufe schnell erlangen will, der verpflichtet sich zur Ehelosigkeit oder zum geistlichen Stand. Denn ein geistlicher Stand soll, wenn er richtig eingerichtet ist, voller Leiden und Marter sein, damit er sich mehr in seiner Taufe übe, als es im ehelichen Stand der Fall wäre, und sich durch solche Marter daran gewöhne, den Tod fröhlich zu empfangen und so des Endzwecks seiner Taufe teilhaftig zu werden. Über diesem Stand ist nun noch ein höherer, der regierende Stand im geistlichen Regiment, nämlich Bischof, Pfarrer etc. Die sollen ständig als in Leiden und Werken durch und durch Geübte bereit sein zum Tod, um nicht nur um ihrer selbst willen zu sterben, sondern auch um derer willen, die ihnen untergeordnet sind. Doch in allen diesen Ständen darf man nicht das Maß vergessen, wie oben gesagt wurde: dass man nämlich die Bemühungen so halte, dass sie nur die Sünde austreiben, sich aber nicht an der Menge oder Größe der Werke orientieren. Aber wie wir leider die Taufe vergessen haben, und was sie bedeutet, was wir in ihr gelobt haben und wie wir in ihrem Werk wandeln und zu ihrem Ziel kommen sollen, so haben wir auch die Wege und Stände vergessen und wissen kaum noch, wozu diese Stände eingesetzt sind oder wie man sich in ihnen verhalten soll, um die Taufe zu erfüllen. Es ist ein prächtiges Schauspiel daraus geworden und fast nur ein weltlicher Schein übriggeblieben, wie Jesaja sagt: Dein Silber ist zunichte und dein Wein ist wässrig geworden.[17] Darüber möge sich Gott erbarmen, Amen.

Zum Neunzehnten. Wenn aber das heilige Sakrament der Taufe so ein großes, gnädiges und tröstliches Ding ist, dann muss man mit Ernst darauf achten, dass man Gott ohne Unterlass von Herzen und fröhlich dafür dankt, lobt und ehrt. Denn ich befürchte, der Undank hat uns dazu geführt, dass wir blind geworden und nicht würdig gewesen sind, diese Gnade zu erkennen. Die ganze Welt ist voll Taufe und Gnade Gottes gewesen und ist es noch. Wir aber wurden verführt zu

---

17 Jes 1,22.

den ängstlichen eigenen Werken, dann zum Ablass und zu ähnlichem falschen Trost. Wir meinten, Gott nicht vertrauen zu können, bevor wir nicht gerecht wären und Genugtuung für die Sünde geleistet hätten, als ob wir ihm seine Gnade abkaufen oder bezahlen wollten. Wahrlich, wer Gottes Gnade nicht so versteht, dass sie ihn als einen Sünder dulden und selig machen wird, und nur seinem Gericht entgegengeht, der wird sich niemals über Gott freuen und ihn weder lieben noch loben können. Aber wenn wir hören, dass er uns Sünder im Bund der Taufe annimmt, verschont und allmählich rein macht, und wir das gewiss glauben, dann muss das Herz fröhlich werden, Gott lieben und loben. So spricht er durch den Propheten: Ich will sie verschonen wie ein Vater sein Kind.[18] Darum ist es notwendig, dass man der hochgelobten Majestät, die sich uns armen verdammten Würmchen gegenüber so gnädig und barmherzig erweist, dankt und das Werk, so wie es tatsächlich ist, groß macht und erkennt.

Zum Zwanzigsten. Dabei sollen wir uns aber auch vorsehen, dass nicht eine falsche Sicherheit bei uns einreiße, die zu sich selbst sagt: Wenn die Taufe so etwas Gnädiges und Großes ist, dass uns Gott die Sünde nicht anrechnen will, und wenn alle Dinge wieder in Ordnung sind kraft der Taufe, sobald wir von der Sünde umkehren, dann will ich unterdessen leben und meinem Willen folgen und später irgendwann oder in der Todesstunde an meine Taufe denken, Gott an seinen Bund erinnern und dann mich meiner Taufe entsprechend verhalten.

Ja freilich, die Taufe ist etwas so Großes, dass, wenn du umkehrst von den Sünden und den Taufbund anrufst, die Sünden vergeben sind. Siehe aber zu, dass dich das Gericht,

---

[18] Mal 3,17.

wenn du so frevelhaft und mutwillig unter Voraussetzung der Gnade sündigst, nicht ergreife und deiner Umkehr zuvorkomme. Und hüte dich davor, dass nicht durch Gottes Anordnung, selbst wenn du an die Taufe glauben oder ihr vertrauen wolltest, deine Anfechtung so groß werde, dass der Glaube nicht bestehen kann. Wenn kaum diejenigen erhalten bleiben, die nicht sündigen oder nur aus lauter Schwäche fallen, welches Gewicht wird dann dein Frevel besitzen, der die Gnade versucht und verspottet hat? Darum lass uns in der Furcht Gottes leben, auf dass wir den Reichtum der göttlichen Gnade in festem Glauben bewahren und Gottes Barmherzigkeit fröhlich danken mögen immer und ewiglich. Amen.

Martin Luther

Der große Katechismus

Von der Taufe*

Wir haben nun die drei grundlegenden Hauptteile der christlichen Lehre behandelt. Darüber hinaus ist noch von unseren beiden Sakramenten zu reden, die von Christus eingesetzt sind, über die auch jeder Christ wenigstens einen allgemeinen kurzen Unterricht bekommen soll, weil ohne diese beiden Sakramente niemand Christ sein kann, wiewohl man leider bisher nichts davon gelehrt hat. Als Erstes aber nehmen wir uns die Taufe vor, durch die wir zuerst in die Christenheit aufgenommen werden. Damit man es aber gut verstehen könne, wollen wir es ordentlich behandeln und uns auf dasjenige beschränken, was uns zu wissen nötig ist. Denn wie man es den Ketzern und Sektierern gegenüber vertreten und verteidigen muss, das wollen wir den Gelehrten überlassen.

Aufs Erste muss man vor allen Dingen die Worte gut kennen, mit denen die Taufe begründet ist und auf die sich alles bezieht, was davon zu sagen ist, nämlich wie der Herr Christus spricht am Schluss des Evangeliums nach Matthäus: „Ge-

---

* Wir danken dem Gütersloher Verlagshaus für die Bereitstellung dieses Textes aus: Unser Glaube. Die Bekenntnisschriften der evangelisch-lutherischen Kirche. Ausgabe für die Gemeinde. Im Auftrag der Vereinigten Evangelisch-Lutherischen Kirche Deutschlands (VELKD) hrsg. vom Amt der VELKD, redaktionell betreut von Johannes Hund und Hans-Otto Schneider. Gütersloh 2013, 611–624.

het hin in alle Welt, lehret alle Heiden und taufet sie im Namen des Vaters und des Sohnes und des Heiligen Geistes." [Mt 28,19]

Entsprechend im Evangelium nach Markus, ebenfalls im letzten Kapitel: „Wer da glaubt und getauft wird, der wird selig werden, wer aber nicht glaubt, der wird verdammt." [Mk 16,16]

Bei diesen Worten sollst du vor allem beachten, dass hier Gottes Gebot und Einsetzung steht, darum soll man nicht bezweifeln, dass die Taufe eine göttliche Sache ist, nicht von Menschen erdacht oder erfunden. Denn so gewiss ich sagen kann, dass die Zehn Gebote, das Glaubensbekenntnis und das Vaterunser kein Mensch sich in seinem Kopf zusammengesponnen hat, sondern sie sind von Gott selbst offenbart und gegeben, so gewiss kann ich auch rühmen, dass die Taufe kein Menschenkram ist, sondern von Gott selbst eingesetzt, außerdem ernstlich und streng geboten, dass wir uns taufen lassen müssen oder andernfalls nicht selig werden, damit man nicht meine, es handele sich dabei um etwas so Geringfügiges wie das Anlegen eines Feiertagsgewandes. Denn es kommt vor allem darauf an, dass man die Taufe als kostbar ansehe und wertschätze. Denn darüber streiten wir am meisten und setzen uns damit auseinander, weil die Welt jetzt so voller Gruppierungen ist, die schreien, die Taufe sei etwas Äußerliches, etwas Äußerliches aber sei unnütz. Lass es aber immerhin etwas so Äußerliches sein wie nur möglich, da steht jedenfalls Gottes Gebot, das die Taufe einsetzt, begründet und bestätigt. Was aber Gott einsetzt und vorschreibt, das kann nichts Vergebliches sein, sondern nur etwas ganz und gar Kostbares, selbst wenn es nach gängiger Ansicht geringer als ein Strohhalm geachtet wäre. Hat man es bisher für etwas Großes halten können, wenn der Papst mit Urkundsbriefen und Siegeln Ablass austeilte, Altäre oder Kirchen bestätigte, allein um der Urkundsbriefe und Siegel willen, so sollen wir die Taufe viel höher und kostbarer schätzen, weil Gott es befohlen hat und sie zudem in seinem Namen geschieht. Denn so lauten die Worte: „Gehet hin, taufet", aber nicht „in Eurem", sondern „in Gottes Namen".

Denn in Gottes Namen getauft zu werden heißt, nicht von Menschen, sondern von Gott selbst getauft zu werden. Wenn es auch durch die Hand eines Menschen geschieht, so ist es doch wahrhaftig Gottes eigene Tat; daraus kann wohl jeder selbst schließen, dass sie viel bedeutsamer ist als irgendeine Tat, die ein Mensch oder ein Heiliger tun könnte. Denn was könnte man Größeres ausrichten als Gottes Tat? Aber hier hat der Teufel zu schaffen, um uns mit falschem Schein zu verblenden und uns von Gottes Tat zu unseren eigenen Taten zu bringen. Denn das erscheint viel verdienstvoller, dass ein Kartäusermönch viele schwere, große Frömmigkeitsübungen verrichtet, und alle halten mehr von dem, was wir selbst tun und verdienen. Aber die Schrift lehrt folgendermaßen: Wenn man gleich die Frömmigkeitsübungen aller Mönche auf einen Haufen würfe, wie kostbar sie auch scheinen mögen, so wären sie doch nicht so edel und gut, als wenn Gott einen Strohhalm aufhöbe. Warum? Weil die Person edler und besser ist. Nun muss man hier nicht die Person nach ihren Taten, sondern die Taten nach der Person einschätzen, von der sie ihren Wert beziehen. Aber hier mischt sich die verwirrte Vernunft ein, und weil Gottes Tat, anders als die Leistungen, die wir vollbringen, nichts hermacht, so soll sie nichts gelten.

Hieraus lerne nun, die richtige Bedeutung zu erfassen und zutreffend zu antworten auf die Frage, was die Taufe sei, nämlich so, dass sie nicht ein bloßes, schlichtes Wasser ist, sondern ein Wasser, in Gottes Wort und Gebot eingefasst und dadurch geheiligt, also nichts anderes als ein Gotteswasser. Nicht, dass das Wasser an sich edler wäre als anderes Wasser, sondern es kommt darauf an, dass Gottes Wort und Gebot dazukommt. Darum ist es ein bloßer Taschenspielertrick und des Teufels Gespött, dass jetzt unsere neuen Geister, um die Taufe herabzuwürdigen, Gottes Wort und Ordnung außer Acht lassen und nichts anderes ansehen als das Wasser, das man aus dem Brunnen schöpft, und danach daher schwatzen: „Was sollte eine Handvoll Wasser der Seele helfen?" Ja, Lieber, wer weiß das nicht, wenn es denn mit dem Trennen seine Richtigkeit hätte, dass Wasser Wasser ist? Wie wagst du es aber, so in Gottes Ordnung einzugreifen und die größte Kostbarkeit davon wegzureißen, mit der es Gott verbunden und eingefasst hat, der nicht will, dass es zertrennt wird? Denn das ist der Kern in dem Wasser: Gottes Wort oder Gebot und Gottes Name, und dieser Schatz ist größer und edler als Himmel und Erde.

Also begreife nun den Unterschied, dass die Taufe etwas völlig anderes ist als jedes andere Wasser, und zwar nicht der natürlichen Beschaffenheit wegen, sondern weil hier etwas Edleres hinzukommt. Denn Gott selbst setzt seine Ehre daran und legt seine Kraft und Macht hinein. Darum ist es nicht bloß natürliches Wasser, sondern ein göttliches, himmlisches, heiliges und seliges (und wie man es noch loben kann) Wasser. Das alles um des Wortes willen, das ein himmlisches, heiliges Wort ist, das niemand genug preisen kann, denn es hat und vermag alles, was Gottes ist. Wegen dieser besonderen Beschaffenheit wird die Taufe auch als Sakrament bezeichnet, wie auch der heilige Augustinus[96] gelehrt hat: „Ac-

96 Augustin (354–430), Bischof in Hippo Regius in Nordafrika, bedeutendster Theologe der Alten Kirche. Das Zitat findet sich in Augustins Tractatus in

cedat verbum ad elementum et fit sacramentum“, das ist: „Wenn das Wort zum Element oder natürlichen Wesen kommt, so wird ein Sakrament daraus“, das ist ein heiliges, göttliches Ding und Zeichen.

Darum lehren wir allezeit, man solle die Sakramente und alle äußerlichen Dinge, die Gott anordnet und einsetzt, nicht nach dem groben oberflächlichen Schein ansehen – auch von der Nuss sieht man zunächst ja nur die raue Schale –, sondern man soll sie danach beurteilen, dass Gottes Wort darin eingeschlossen ist. Denn so reden wir auch vom Vater- und Mutterstand und von weltlichen Amtsträgern; wenn man die danach ansehen will, dass sie Nasen, Augen, Haut und Haar, Fleisch und Knochen haben, so sehen sie genauso aus wie Türken und Heiden, und es könnte jemand kommen und sagen: „Warum soll ich mehr von diesem einen halten als von andern Menschen?“ Weil aber das Gebot dazukommt: „Du sollst Vater und Mutter ehren“, so sehe ich den Menschen anders vor mir, geschmückt und angezogen mit der Erhabenheit und Herrlichkeit Gottes. Das Gebot (sage ich) ist die goldene Amtskette, die er am Hals trägt, ja, die Krone auf seinem Haupt, die mir anzeigt, wie und warum man dies Fleisch und Blut ehren soll. Ebenso und noch viel mehr sollst du die Taufe ehren und hochschätzen um des Wortes willen, weil Gott selbst sie sowohl mit Worten als auch mit Taten geehrt hat, überdies mit Wundern vom Himmel bestätigt. Denn meinst du, dass es ein Scherz war, dass sich Christus hat taufen lassen, der Himmel sich auftat, der Heilige Geist sichtbar herabschwebte, und war ganz und gar göttliche Herrlichkeit und Erhabenheit? [vgl. Mt 3,13–17par] Deshalb ermahne ich

Ioannis Evangelium LXXX,3 (PL 35, 1840; CChr.SL 36, 529,5 f.). Eine deutsche Übersetzung ist vorhanden in: BKV Augustinus VI, 119.

nochmals, dass man nur ja die beiden, Wort und Wasser, nicht voneinander scheiden oder trennen lasse. Denn wenn man das Wort davon absondert, so ist es kein anderes Wasser als dasjenige, mit dem die Magd kocht, und kann wohl eine Badertaufe[97] heißen, aber wenn das Wort dabei ist, wie es Gottes Gebot angeordnet hat, so ist es ein Sakrament und heißt Christi Taufe. Das sei der erste Abschnitt von der Beschaffenheit und Würde des heiligen Sakraments.

Zum anderen, weil wir nun wissen, was die Taufe ist und wie sie zu halten sei, müssen wir auch lernen, warum und wozu sie eingesetzt ist, also was sie nützt, gibt und bewirkt. Das kann man nirgends besser als aus den oben angeführten Worten Christi erfahren, nämlich: „Wer da glaubt und getauft wird, der wird selig." [Mk 16,16]. Darum drücke es aufs einfachste so aus, dass dies die Kraft, die Wirkung, der Nutzen, die Frucht und der Zweck der Taufe ist, dass sie selig macht. Denn man tauft niemanden in der Absicht, dass er ein Fürst werden solle, sondern, wie die Worte lauten, dass er „selig werde". Selig werden aber heißt, wie man wohl weiß, nichts anderes, als von Sünde, Tod und Teufel erlöst in Christi Herrschaft zu kommen und im Einklang mit ihm ewig zu leben. Da siehst du wieder, wie teuer und wert die Taufe zu schätzen ist, weil wir solch einen unaussprechlich wertvollen Schatz darin erlangen. Das zeigt wohl auch, dass es nicht schlichtes klares Wasser sein kann. Denn klares Wasser könnte so etwas nicht bewirken, aber das Wort tut es, und dass (wie oben gesagt) Gottes Name darin ist. Wo aber Gottes Name ist, da muss auch Leben und Seligkeit sein, so dass es zutreffend ein göttliches, seliges, fruchtbares und gnadenreiches Wasser heißt. Denn durch das Wort bekommt die Taufe

97 Taufe, wie sie der Bader verabreichen könnte, gewöhnliches Bad.

die Kraft, so dass sie ein „Bad der Wiedergeburt“ ist, wie Paulus sie im 3. Kapitel des Titusbriefs [Tit 3,5] nennt.

Aber unseren Besserwissern, den neuen Geistern, die behaupten, der Glaube mache allein selig, Handlungen aber und äußerliche Dinge trügen nichts dazu bei, antworten wir, dass allerdings nichts in uns wirkt als allein der Glaube, wie wir noch weiter unten hören werden. Das wollen aber die verblendeten Führer [vgl. Mt 23,16; 15,14] nicht sehen, dass der Glaube etwas haben muss, an das er glaubt, das heißt: woran er sich hält und worauf er steht und gründet. Dementsprechend hängt nun der Glaube am Wasser und glaubt, dass es die Taufe sei, darin reine Seligkeit und Leben ist, nicht durch das Wasser, wie hinlänglich gesagt ist, sondern dadurch, dass es mit Gottes Wort und Anordnung vereinigt ist und sein Name darin steckt. Wenn ich das nun glaube, so glaube ich an Gott als an denjenigen, der sein Wort da hineingegeben und eingepflanzt hat und uns dieses äußerliche Ding vorsetzt, damit wir diesen Schatz überhaupt ergreifen können. Nun sind sie so verrückt, dass sie den Glauben von demjenigen Ding trennen, an dem der Glaube haftet und an das er gebunden ist, auch wenn es äußerlich ist. Ja, es soll und muss äußerlich sein, damit man es mit menschlichen Sinnen erfassen und begreifen und auf diese Weise ins Herz bringen kann, wie denn das ganze Evangelium eine äußerliche, mündliche Predigt ist. Kurz, was Gott in uns tut und bewirkt, will er durch solche äußerlichen Anordnungen bewirken. Wo er nun redet, ja wohin oder wodurch er redet, da soll der Glaube hinsehen und sich daran halten. Nun haben wir hier die Worte: „Wer da glaubt und getauft wird, der wird selig.“ Worauf beziehen sie sich, wenn nicht auf die Taufe, also auf das in Gottes Anordnung eingefasste Wasser? Darum folgt daraus, dass, wer die Taufe verwirft, damit auch Gottes Wort, den Glauben und

Christus verwirft, der uns dahin weist und uns an die Taufe bindet.

Drittens, weil wir den großen Nutzen und die Kraft der Taufe besprochen haben, so lass uns nun weiter sehen, wer die Person ist, die das empfängt, was die Taufe gibt und nützt. Das ist abermals sehr genau und klar ausgedrückt in eben den Worten: „Wer da glaubt und getauft wird, der wird selig", das heißt, der Glaube allein macht die Person würdig, das heilsame, göttliche Wasser mit Nutzen zu empfangen. Denn weil das hier in den Worten bei und mit dem Wasser vorgetragen und zugesagt wird, kann es nicht anders empfangen werden, als dass wir dies von Herzen glauben. Ohne Glauben ist es nichts nütze, obwohl es an und für sich ein göttlicher, überschwänglicher Schatz ist. Darum vermag das eine Wort: „Wer da glaubt" so viel, dass es ausschließt und zurücktreibt alle Werke, die wir in der Absicht tun könnten, dadurch Seligkeit zu erlangen und zu verdienen. Denn es steht fest: Was nicht Glaube ist, das bewirkt nichts dabei und empfängt auch nichts.

Wenn die Gegner aber wie gewöhnlich argumentieren: „Die Taufe ist doch selbst ein Werk, wie kannst du dann sagen, die Werke gelten nichts zur Seligkeit? Wo bleibt denn der Glaube?", so antworte: „Ja, unsere Werke tragen in der Tat nichts zur Seligkeit bei", die Taufe ist aber nicht unser, sondern Gottes Werk (denn du musst, wie gesagt, die Taufe Christi und die Badertaufe[98] möglichst weit auseinanderhalten); Gottes Werke aber sind heilsam und nötig zur Seligkeit und schließen den Glauben nicht aus, sondern fordern[99] ihn, denn

98 Siehe oben Anm. 97.

99 Im Original: „fodern", hier primär „fordern, erfordern, verlangen", aber auch mit dem möglichen Nebensinn „fördern".

ohne Glauben könnte man sie nicht erfassen. Denn damit, dass du dich übergießen lässt, hast du die Taufe nicht schon in einer Weise empfangen oder behalten, dass sie dir etwas nützen würde. Aber dadurch wird sie dir nützlich, wenn du dich in der Absicht taufen lässt, Gottes Befehl und Anordnung zu befolgen, überdies in Gottes Namen, auf dass du in dem Wasser die versprochene Seligkeit empfängst. Das kann freilich die Faust oder der Körper nicht tun, sondern das Herz muss es glauben. Also erkennst du deutlich, dass es sich nicht um eine Leistung handelt, die wir erbrächten, sondern um einen Schatz, den Gott uns schenkt und den der Glaube ergreift, ebenso wie der Herr Christus am Kreuz keine Leistung ist, sondern ein Schatz, im Wort eingefasst und uns vorgetragen und durch den Glauben empfangen. Darum missdeuten sie unsere Auffassung gewaltsam, wenn sie gegen uns wettern, als predigten wir gegen den Glauben, obwohl es uns doch gerade darauf allein ankommt, weil er so nötig ist, dass ohne ihn nichts empfangen oder genossen werden kann.

Also haben wir die drei Punkte zusammen, die man von diesem Sakrament wissen muss, insbesondere dass es Gottes Anordnung ist, die in allen Ehren zu halten ist, was allein schon genügte, wäre es auch ein ganz äußerliches Ding wie das Gebot: „Du sollst Vater und Mutter ehren", allein auf ein leibliches Fleisch und Blut bezogen, da man nicht das Fleisch und Blut, sondern Gottes Gebot ansieht, in das es eingefasst ist und um dessentwillen das Fleisch Vater und Mutter heißt. Entsprechend, wenn wir auch nicht mehr hätten als diese Worte: „Gehet hin und tauft" etc., so müssten wir es dennoch als Gottes Anordnung annehmen und ausführen. Nun ist aber nicht bloß das Gebot und der Befehl da, sondern auch das Versprechen. Darum ist es noch viel herrlicher als das, was Gott sonst geboten und angeordnet hat, kurz, so voller Trost und Gnade, dass Himmel und Erde es nicht erfassen können. Aber dazu gehört Einsicht, um das zu glauben, denn es fehlt nicht am Schatz, aber es fehlt daran, dass man ihn erfasst und festhält.

Darum hat jeder Christ sein Leben lang genug zu lernen und zu verwirklichen an der Taufe; denn er hat immerfort zu schaffen, um fest zu glauben, was sie zusagt und bringt: Überwindung des Teufels und des Todes, Vergebung der Sünde, Gottes Gnade, den ganzen Christus und den Heiligen Geist mit seinen Gaben. Kurz, es ist so unermesslich, dass die zaghafte Natur, wenn sie es bedenkt, leicht in Zweifel geraten wird, ob es wirklich wahr sein kann. Denn stell dir vor, es gäbe einen Arzt, der es fertigbrächte, dass die Leute nicht stürben, oder wenn sie stürben, danach ewig lebten. Wie würde die Welt mit Geld auf ihn einstürmen, dass wegen des Andrangs der Reichen sonst niemand mehr zu ihm kommen könnte! Nun wird hier in der Taufe jedem umsonst ein solcher Schatz vor die Tür gebracht und ein solches Heilmittel, das den Tod verschlingt [vgl. Jes 25,8] und alle Menschen am Leben erhält. So muss man die Taufe ansehen und uns zunutze machen, dass wir uns daran stärken und damit trösten, wenn uns unsere Sünde und unser Gewissen belasten, und sagen: „Ich bin dennoch getauft; bin ich aber getauft, so ist mir zugesagt, dass ich selig sein soll und das ewige Leben haben an Seele und Körper.“ Denn darum geschieht beides in der Taufe, dass der Körper begossen wird, der nicht mehr begreifen kann als das Wasser, und dass dazu das Wort gesprochen wird, damit auch die Seele es begreifen könne. Weil nun beides zusammen, Wasser und Wort, eine einzige Taufe bildet, so müssen auch beide zusammen, Leib und Seele, selig werden und ewig leben, die Seele durch das Wort, an das sie glaubt, der Leib aber, weil er mit der Seele vereinigt ist und die Taufe auch erfasst, wie es ihm eben möglich ist. Darum haben wir an Leib und Seele keinen kostbareren Schmuck. Denn dadurch werden wir ganz heilig und selig, und das kann sonst kein Leben, keine Leistung auf Erden erreichen.

Das sei nun genug gesagt von der Beschaffenheit, dem Nutzen und dem Gebrauch der Taufe, so viel hier angebracht ist. Hierzu gehört nun auch die Frage, mit der der Teufel durch seine Sekten die Welt verwirrt, über die Taufe der Kinder, ob sie auch glauben und gültig getauft werden. Dazu sagen wir kurz: Wer unkundig ist, der weise die Frage ab und verweise die Fragesteller an die Gelehrten. Willst du aber antworten, so antworte folgendermaßen: Dass die Kindertaufe Christus gefällt, beweist sich hinlänglich aus seinem eigenen Handeln, nämlich daraus, dass Gott viele von denen, die als Kinder getauft wurden, heilig macht und ihnen den Heiligen Geist gegeben hat, und dass es auch noch heute viele gibt, an denen man spürt, dass sie den Heiligen Geist haben, sowohl an ihrer Lehre wie an ihrem Leben, wie es uns durch Gottes Gnade auch gegeben ist, dass wir die Schrift auslegen können und Christus erkennen, was ohne den Heiligen Geist nicht geschehen kann. Wenn aber Gott die Kindertaufe nicht annähme, gäbe er keinem von ihnen den Heiligen Geist oder etwas von diesen Fähigkeiten, kurz, es dürfte seit langer Zeit bis in die Gegenwart hinein gar keine Christen mehr auf Erden gegeben haben. Weil nun Gott die Taufe bestätigt durch Eingeben seines Heiligen Geistes, wie man an etlichen Vätern wohl spürt, z. B. am heiligen Bernhard, an Gerson, an Johann Hus[100] und andern, und die heilige christliche Kirche nicht

[100] Bernhard von Clairvaux (1090/91–1153), Klostergründer und -reformer, bedeutender Theologe des Zisterzienserordens, Kreuzzugsprediger; Johannes Gerson (1363–1429), Kirchenreformer, Gegner des übersteigerten Machtan-

untergeht bis ans Ende der Welt [vgl. Mt 16,18; 28,20], so müssen sie zugeben, dass die Kindertaufe Gott wohlgefalle. Denn er kann ja nicht gegen sich selbst vorgehen oder der Lüge und dem Betrug helfen, geschweige seine Gnade und seinen Geist dazu geben. Dies ist die allerbeste und stärkste Beweisführung für die einfachen und unkundigen Leute. Denn man wird uns diesen Artikel: „Ich glaube eine heilige christliche Kirche, die Gemeinde der Heiligen" etc. nicht nehmen oder umstoßen.

Danach sagen wir weiter, dass es uns nicht sonderlich darauf ankommt, ob derjenige, der getauft wird, glaubt oder nicht glaubt; denn darum wird die Taufe nicht ungültig, sondern an Gottes Wort und Gebot liegt alles. Das ist nun wohl ein wenig zugespitzt formuliert, ist aber darin begründet, dass ich gesagt habe, die Taufe sei nichts anderes als Wasser und Gottes Wort beieinander und miteinander, d. h., wenn das Wort bei dem Wasser ist, so ist die Taufe gültig, auch wenn der Glaube nicht dazukommen sollte. Denn mein Glaube macht nicht die Taufe, sondern er empfängt die Taufe. Nun wird die Taufe davon nicht ungültig, dass sie womöglich nicht bestimmungsgemäß empfangen oder gebraucht wird, weil sie (wie gesagt) nicht an unseren Glauben, sondern an das Wort gebunden ist. Denn wenn auch heute ein Jude mit Unaufrichtigkeit und bösem Vorsatz käme und wir ihn mit ganzem Ernst tauften,[101] sollten wir doch festhalten, dass die Taufe gültig wäre. Denn

---

spruchs des Papsttums, Teilnehmer am Konstanzer Konzil. Dort wurde der böhmische Reformator Johannes Hus 1415 als Ketzer verurteilt und verbrannt; von altgläubiger Seite wurde er daher selbstredend nicht unter die Kirchenväter gerechnet.

101 Da innerhalb der Kirche allenthalben die Säuglingstaufe praktiziert wurde, kamen Erwachsenentaufen nur bei konvertierten Juden vor, deshalb nimmt Luther auch das Beispiel eines unaufrichtigen Taufbewerbers aus

da ist das Wasser samt Gottes Wort, auch wenn er sie beide nicht empfängt, wie er sollte. Entsprechend empfangen diejenigen, die unwürdig zum Abendmahl gehen, das gültige, wahre Sakrament, auch wenn sie nicht glauben.

Also siehst du, dass der Einwand der Rottengeister nichts taugt. Denn, wie gesagt, selbst wenn die Kinder nicht glaubten, was doch nicht so ist (wie eben bewiesen), so wäre doch die Taufe gültig; und niemand soll die als Kinder Getauften noch einmal taufen. Entsprechend würde auch das Abendmahl nicht beschädigt oder unwirksam, wenn jemand mit bösem Vorsatz hinginge, und es wäre nicht zu dulden, dass er es wegen des zuvor geschehenen Missbrauchs in der gleichen Stunde noch einmal empfinge, als hätte er vorher das Sakrament nicht wirklich empfangen. Denn das bedeutete, das Sakrament aufs Höchste zu lästern und zu schänden. Wie kämen wir dazu, dass Gottes Wort und Anordnung darum unrecht sein und nichts gelten sollten, weil wir sie nicht bestimmungsgemäß gebrauchen? Darum sage ich: Hast du [damals, als du getauft wurdest,] nicht geglaubt, so glaube jetzt, und sprich folgendermaßen: „Die Taufe ist sehr wohl gültig gewesen, ich habe sie aber leider nicht bestimmungsgemäß empfangen." Denn auch ich selbst und alle, die sich taufen lassen, müssen vor Gott folgendermaßen sprechen: „Ich komme her in meinem Glauben und auch in dem der anderen,[102] dennoch kann ich nicht darauf bauen, dass ich

diesem Bereich. Zwar propagierte die Täuferbewegung, gegen deren Argumente sich Luther hier wendet, die Erwachsenen- bzw. Glaubenstaufe und lehnte die Säuglingstaufe als ungültig ab; in den Anfangsjahren der Bewegung handelte es sich aber naturgemäß durchwegs um Wiedertaufen, weil die Erwachsenen, die sich dort taufen ließen, alle bereits einmal als Kinder getauft worden waren.

glaube und viele Leute für mich bitten, sondern darauf baue ich, dass es dein Wort und Befehl ist", ebenso wie ich zum Abendmahl nicht auf meinen Glauben hin gehe, sondern auf Christi Wort hin. Ich mag stark oder schwach sein, das überlasse ich Gott; das weiß ich aber, dass er mir befiehlt, hinzugehen, zu essen und zu trinken etc., und dass er mir seinen Leib und sein Blut schenkt, das wird mir nicht lügen noch trügen. Entsprechend halten wir es auch mit der Kindertaufe; das Kind tragen wir herbei in der Meinung und Hoffnung, dass es glaube, und bitten, dass ihm Gott den Glauben geben möge, aber darauf taufen wir es nicht, sondern allein darauf, dass Gott es befohlen hat. Warum das? Weil wir wissen, dass Gott nicht lügt; ich und mein Nächster und kurzum alle Menschen müssen sich täuschen und trügen, aber Gottes Wort kann nicht trügen.

Darum sind es wahrlich vermessene, tölpelhafte Geister, die so folgern und schließen: Wo der Glaube nicht recht ist, da muss auch die Taufe nicht gültig sein. So könnte ich schlussfolgern: Wenn ich nicht glaube, so ist Christus nichts, oder: Wenn ich nicht gehorsam bin, so sind Vater, Mutter und Obrigkeit nichts. Ist das ein logischer Schluss: Wenn jemand nicht tut, was er tun soll, so soll darum auch die Sache selbst, auf die er sich bezieht, nichts sein oder gelten? Lieber, schließe vielmehr im Gegenteil so: Eben darum ist die Taufe etwas und gültig, weil man sie unrecht empfangen hat. Denn wenn sie an sich nicht gültig wäre, könnte man sie nicht missbrauchen oder sich daran versündigen. Es heißt: „Abusus non tollit, sed confirmat substantiam", „Missbrauch nimmt die eigentliche Beschaffenheit nicht hinweg, sondern bestätigt sie".[103] Denn

102 Vgl. Mk 2,3–5.

103 Rechtssprichwort.

Gold bleibt nichtsdestoweniger Gold, auch wenn es eine Hure mit Sünden und Schanden trägt.

Darum sei abschließend festgestellt, dass die Taufe allezeit uneingeschränkt gültig bleibt, selbst wenn nur ein einziger Mensch getauft würde und dieser noch dazu nicht rechtschaffen glaubte. Denn Gottes Anordnung und sein Wort lassen sich nicht von Menschen umwandeln oder ändern. Sie aber, die Schwarmgeister, sind so verblendet, dass sie Gottes Wort und Gebot nicht sehen und darum die Taufe für nichts weiter halten als für Wasser, wie es auch in einem Bach oder einem Kochtopf vorkommt, und ebenso achten sie die Vertreter der Obrigkeit nicht höher als andere Menschen; und weil sie weder Glauben noch Gehorsam sehen können, soll es sie auch an sich gar nicht geben. Da lauert ein heimtückischer, aufrührerischer Teufel, der gerne die Krone von der Obrigkeit risse, dass man sie danach mit Füßen träte, und der uns gern alle Gotteswerke und -anordnungen verkehren und zunichte machen würde. Darum müssen wir wachsam und gerüstet sein und uns nicht von dem Wort wegweisen und abwenden lassen, damit wir die Taufe nicht ein bloßes Zeichen sein lassen, wie die Schwärmer irrigerweise meinen.

Zum Schluss muss man auch wissen, was die Taufe bedeutet und warum Gott gerade diese äußerliche Zeichenhandlung dem Sakrament zugeordnet hat, durch das wir in die Christenheit aufgenommen werden. Das Werk aber oder die Handlung bestehen darin, dass man uns ins Wasser hineinsenkt, bis es uns vollständig bedeckt, und uns anschließend wieder herauszieht.[104] Diese beiden Teile, unter die Wasseroberfläche zu sinken und wieder heraufzukommen,

---

104 Die ursprüngliche Immersionstaufe (vollständiges Untertauchen des Täuflings), wie sie heute z. T. noch bei den Ostkirchen und in einigen Freikir-

verdeutlichen die Kraft und die Wirkung der Taufe, nämlich nichts anderes als die Tötung des alten Adam und danach die Auferstehung des neuen Menschen. Beides vollzieht sich unser Leben lang in uns, so dass ein christliches Leben nichts anderes ist als eine tägliche Taufe, einmal angefangen und immer fortgesetzt. Denn es muss ununterbrochen daran gearbeitet werden, dass man ausfegt, was zum alten Adam gehört, damit hervorkommt, was zum neuen gehört. Was ist denn der alte Mensch? Das ist er, was uns angeboren ist von Adam[105] her: zornig, gehässig, neidisch, unkeusch, geizig, faul, hochmütig, ja ungläubig, mit allen Lastern erfüllt, und was von Natur nichts Gutes an sich hat. Wenn wir nun unter Christi Herrschaft kommen, soll dies täglich nachlassen, so dass wir mit der Zeit immer milder, geduldiger und sanftmütiger werden und dem Geiz, Hass, Neid und Hochmut immer mehr Abbruch tun. Das ist der richtige Gebrauch der Taufe bei den Christen, den die Wassertaufe andeutet. Wo dies nun nicht vor sich geht, sondern dem alten Menschen die Zügel locker gelassen werden, so dass er nur umso stärker wird, da kann nicht die Rede davon sein, dass die Taufe richtig gebraucht würde, sondern da arbeitet man gegen die Taufe. Denn die außerhalb von Christus sind, können nicht anders, als täglich schlimmer zu werden, wie auch das Sprichwort lautet und wie es der Wahrheit entspricht: „Immer je ärger, je länger, je böser." Ist einer voriges Jahr hochmütig und geizig gewesen, so ist er dieses Jahr viel geiziger und hochmütiger, die Untugend wächst nämlich von Jugend auf mit ihm und

chen und anderen Gruppierungen praktiziert wird, wurde im Laufe der Zeit durch die Infusionstaufe ersetzt, das Begießen des Täuflings mit Wasser.

105 Der Urmensch, der der Sünde verfiel. Vgl. Gen 3; 1Kor 15,22.45–49.

greift immer weiter um sich. Ein Kleinkind hat keine besondere Untugend an sich, wenn es aber zum Jugendlichen heranwächst, wird dieser zügellos und unkeusch; kommt er zu seinem vollen Mannesalter, so fangen die wirklichen Laster an, je länger, umso mehr. Darum folgt der alte Mensch ungehindert seiner Wesensart, wo man nicht mit der Kraft der Taufe dagegen angeht und ihn niederhält; wo jemand hingegen Christ geworden ist, da nimmt der alte Mensch so lange täglich ab, bis er völlig verschwindet. Das heißt recht in die Taufe kriechen und täglich wieder hervorkommen.

Also ist das äußerliche Zeichen nicht nur dazu bestimmt, um kraftvoll zu wirken, sondern auch, um etwas zu verdeutlichen. Wo nun der Glaube vorhanden ist mit seinen Früchten, da handelt es sich nicht um eine inhaltsleere Zeremonie, sondern die Wirkung ist dabei. Wo aber der Glaube nicht ist, da bleibt es ein bloßes fruchtloses Zeichen.

Und hier erkennst du, dass die Taufe mit ihrer Wirkung und ihrer Bedeutung auch das sogenannte dritte Sakrament, die Buße, einschließt, die eigentlich nichts anderes ist als die Taufe. Denn was heißt Buße anderes, als den alten Menschen mit Ernst anzugreifen und in ein neues Leben einzutreten? Wenn du darum in der Buße lebst, so bewegst du dich auch in der Taufe, die dieses neue Leben nicht nur bedeutet, sondern auch bewirkt, anfängt und vorantreibt; denn es wird darin Gnade, Geist und Kraft gegeben, um den alten Menschen zu unterdrücken, damit der neue hervorkommen und stark werden kann. Darum bleibt die Taufe dauerhaft bestehen, und auch wenn jemand davon abfällt und sündigt, so behalten wir doch immer eine Zugangsmöglichkeit dazu, dass man nämlich den alten Menschen wieder überwindet und hinter sich lässt. Aber mit dem Wasser braucht man uns nicht noch einmal zu begießen. Denn wenn man sich auch hundertmal ins Wasser senken ließe, so ist es doch nur eine einzige Taufe. Die Wirkung aber und die Bedeutung bleiben bestehen. Also ist die Buße nichts anderes als eine Rückkehr und Wiederannäherung an die Taufe, womit man das wiederaufnimmt und fortsetzt, was man zuvor angefangen, aber unterbrochen hat.

Das sage ich darum, damit man nicht auf den Irrtum verfällt, in dem wir uns lange befunden haben und wähnten, die Taufe sei hinfällig geworden und nicht mehr zu gebrauchen, nachdem man wieder in Sünde gefallen ist; diese Auffassung ergibt sich, wenn man die Taufe nur im Hinblick auf die einmal geschehene Handlung betrachtet. Das kam daher, dass der heilige Hieronymus[106]geschrieben hat, die Buße sei die zweite Planke, auf der wir weiterschwimmen und uns ans Ufer retten müssten, nachdem das Schiff zerschellt sei, auf dem wir unsere Reise antreten, wenn wir in die Christenheit hineinkommen.[107] Dadurch wird der Gebrauch der Taufe beseitigt, weil sie uns scheinbar nichts mehr nützen kann. Diese Ansicht ist aber nicht richtig, weil das Schiff nicht zerbricht; denn es ist (wie gesagt) Gottes Anordnung und nicht unsere Sache. Wohl kommt es vor, dass wir ausrutschen und von Bord fallen. Geht aber jemand über Bord, so sehe er zu, dass er wieder herbeischwimme und sich festhalte, bis er wieder hereinkommt und weiter mitfährt.

Also erkennt man, wie kostbar und wichtig die Taufe ist, die uns dem Teufel aus dem Rachen reißt, uns Gott zu eigen

---

106 Kirchenvater, geb. ca. 347, gest. 419/420 in Bethlehem, Übersetzer theologischer Werke aus dem Griechischen ins Lateinische, Bibelkommentator und -übersetzer, Verfasser wissenschaftlich-theologischer und erbaulicher Werke.

107 Vgl. Hieronymus, Epistula 130 ad Demetriadem de servanda virginitate (PL 22,1115).

macht, die Sünde eindämmt und wegnimmt, danach täglich den neuen Menschen stärkt und immer wirkt und bleibt, bis wir aus diesem Elend in die ewige Herrlichkeit kommen. Darum soll jeder die Taufe als sein alltägliches Gewand betrachten, in dem er auf Dauer umhergehen soll, damit er sich allezeit im Glauben und seinen Früchten antreffen lasse, um den alten Menschen zurückzudrängen und den neuen wachsen zu lassen. Denn wenn wir wirklich Christen sein wollen, dann müssen wir dasjenige tun, dessentwegen wir Christen sind. Wenn aber jemand davon abfällt, so komme er wieder herbei. Denn wie Christus, der Gnadenstuhl[108] [vgl. Röm 3,25; Hebr 4,16], nicht verschwindet oder uns verbietet, zu ihm zurückzukehren, auch wenn wir sündigen, so bleiben auch sein gesamter Schatz und seine Gabe. Wie uns nun einmal in der Taufe Vergebung der Sünden zuteilgeworden ist, so bleibt sie noch täglich, solange wir leben, d. h. solange wir den alten Menschen am Hals mit uns herumschleppen.

---

108 Luthers Übersetzung für das Sühnmal (hebr.כַּפֹּרֶת kappóràt), die goldene Platte oberhalb der Bundeslade im Allerheiligsten des israelitischen Tempels, die als Ort der Gottespräsenz am Versöhnungstag mit dem Opferblut besprengt wurde, um die durch die Sünde zerstörte Verbindung zwischen Gott und seinem Volk (und letztlich der gesamten Menschheit) wiederherzustellen (vgl. Lev 16); im Neuen Testament bildhaft auf Jesus Christus übertragen.

Autorin und Autoren

Axt-Piscalar, Christine, Dr. Dr. h. c.,
ist Professorin für Systematische Theologie an der Georg-August-Universität Göttingen.

De Wall, Heinrich, Dr.,
ist Professor für Kirchenrecht, Staats- und Verwaltungsrecht an der Universität Erlangen-Nürnberg.

Heckel, Ulrich, Dr.,
ist Oberkirchenrat der Evangelisch-Lutherischen Kirche in Württemberg und außerplanmäßiger Professor für Neues Testament an der Theologischen Fakultät der Universität Tübingen.

Herbst, Michael, Dr.,
ist Professor für Praktische Theologie und Direktor des Instituts zur Erforschung von Evangelisation und Gemeindeentwicklung an der Ernst-Moritz-Arndt-Universität Greifswald.

Nitsche, Stefan Ark, Dr.,
ist Regionalbischof der Evangelisch-Lutherischen Kirche Bayerns in Nürnberg und außerplanmäßiger Professor für Altes Testament an der Augustana-Hochschule Neuendettelsau.

Zeitfracht Medien GmbH
Ferdinand-Jühlke-Straße 7
99095 Erfurt, Deutschland
produktsicherheit@kolibri360.de

Druck:
CPI Druckdienstleistungen GmbH
im Auftrag der
Zeitfracht Medien GmbH
Ein Unternehmen der Zeitfracht - Gruppe
Ferdinand-Jühlke-Str. 7
99095 Erfurt